陳啓天著

中國法家概論

中華書局印行

初版序

曩者，予外審世界大勢，內度本國國情，旣於立國方針有所主張矣。乃復求之中國歷史，而獲一可資佐證之思想，曰法家焉。我國先民自建之理論，所用以改造我國家者。自有法家，而後戰國以前列國紛爭之局，易爲秦漢以後一統帝國之局。賴其餘緒，以撐支中國歷史者，已二千有餘年。我國固有學術之在政治上富有歷史價值與實際效用者，蓋莫法家若。其爲說也，有「法治」焉，有「形名」焉，有「富國」焉，有「強兵」焉。凡此皆立國之要義，通之古今中外而無或爽者。惟惜自漢以來，儒家旣居獨尊之勢，而環繞中國之亞洲諸國又無一足與中國爲伍者。因之法家之說，逐漸歸於伏流，而不甚顯於世。洎乎近代，歐美挾其「新戰國」之新勢力，接踵東來，益以日本崛起於海上，重儒輕法之中國，當之輒敗，積弱迄今，國幾不國，其故可深長思矣。夫法家原盛於「戰國」，奏效於秦代，已有史可證。今之世界，豈非旣大且新之又一「戰國」時代乎？中國如欲在此新戰國時代，由弱轉強，由亂轉治，而獲最後之勝利，則酌採法家學說之可適用於今者，兼參以歐美學說之最利於國家生存競爭者，合爲條理，措諸實行，實乃今後救國與治國之急務與南針也。顧今之學者，多喜空想，不務實際。於歐美最利於國家生存競爭之學說，旣鮮系統介紹，甚至鄙爲「落伍」。而於中國固有之法家學說，亦復茫然，不知所以。又何怪乎國勢之日頹，國土之日蹙乎？吾爲此懼，乃不揣無學，取法家之歷史與理論，編次成書，命曰中國法家概論，藉以略示法家在歷史上之所建樹者，究爲何若；在理論上之所主張者，又爲何若。苟能因是喚起國人對於舊法家思想之研究興趣，且得以漸推陳出新，準時度勢，而孕成一新法家之系統理論，以挽救今後中國之危局，是則予所馨香禱祝以求之者也。編次既竣，爰綴數語於書端，以表予意之所在云爾。至於本書所引法家之文，多據較善之校本，與普通版本稍有不同，讀者幸留意焉。中華民國二十五年五月七日陳啓天自敍於上海寄廬

修正版序

我爲整理中國法家思想及歷史，曾經先後編有下列各書：

一、張居正評傳——民國二十三年，上海中華書局初版，用筆名陳翊林，現在臺灣中華書局有影印本。

二、商鞅評傳——民國二十四年，上海商務印書館初版，現在臺灣商務印書館有影印本。

三、商君書校釋——民國二十四年，上海商務印書館初版，現在臺灣商務印書館有影印本。

四、中國法家概論——民國二十五年，上海中華書局初版，三十三年，重慶中央訓練團有重印本。

五、韓非子校釋——民國二十九年，上海中華書局初版。四十六年，在臺灣發行增訂版。五十七年，再加修正，改名「增訂韓非子校釋」，改由臺灣商務印書館發行。

六、韓非及其政治學——民國二十九年，重慶獨立出版社初版，現在附錄於「增訂韓非子校釋」。

七、韓非子參考書輯要——民國二十九年脫稿，現在亦附錄於「增訂韓非子校釋」。

八、法家述要——中央研究院中國上古史之一章，民國五十六年脫稿，尚在排印中。

拙著中國法家概論，是綜合整理法家思想及歷史的一種入門書。我們要了解法家思想的綱要，宜先讀此書。我們要了解法家與中國政治歷史的關係，也宜先讀此書。但是此書，久經絕版，學者不易覓閱。因此我又將此書酌加修正，重新付印，以廣流傳。至於近著「法家述要」，亦綜合整理先秦法家思想與歷史，內容比較簡要，攷證比較精細，讀者宜一併參閱。中華民國五十八年十一月陳啓天自序。

中國法家概論目錄

下編　法家的理論

中國法家概論

上編　法家的歷史

第一章　何謂法家

一　法字的意義

什麼叫做法家？我們要解答這個問題，必須先將「法」字的意義弄個明白。法字的古文有三個，即是灋金㳒。法字就是灋字的省文。說文於灋字條下說：

『荆也。平之如水，从水。廌所以觸不直者去之，从廌去。』

又於廌字條下說：

『解廌，獸也，似牛，一角，古者決訟，令觸不直者。』

王充論衡說：

『儒者說云：觟䚦者，一角之羊，性知有罪。皋陶治獄，其罪疑者，令羊觸之，有罪則觸，無罪則不觸，斯蓋天生一角聖獸爲驗。故皋陶敬羊，起坐事之。』（是應篇）

按觟䚦即廌。合說文與論衡的解說看來，法是用廌觸罪，使平如水的一個會意字。初民社會決斷罪刑，概假神意行之。而神意又不能逕行表示，乃又藉廌獸代示神意以爲決斷。法字的取義如此，必定是由於我國太古時代曾有這種用廌觸罪的風俗。這種風俗傳到造字時代已成一種神話。制字者即取義於此種神話以爲一字而已。由此可知法字的原始意義，不過是指刑罰而言。中國最古的刑也叫做法，例如：

『苗民弗用靈，制以刑，惟作五虐之刑，曰法。』（尙書呂刑）

又如「禹刑」，「湯刑」，周「九刑」，和鄭「刑書」通同逕直叫做刑。李悝的法經雖名爲法，而實多指刑。原來初民所最需要的是刑。所以刑法在法律史上最先發達，而刑字在古代也因而異名同實了。

釋名說：

『法，偪也；莫不欲從其志，偪而使有所限也。』

偪就是強制，法必須有強制，使其合於正而不越限。刑罰便是法的強制手段。這是法字的引申意義，已較專指刑罰稍進一步。

法字的本義大約如上。不過法字又含有模範法則的意義。此種意義，或係由荆字轉注而來，荆本作型，說文於型字條下說：

『鑄器之法也。』

段注說：

『以木爲之曰模，以竹曰笵，以土曰型。』

土器在文明史上發達較早，土型是模範法則的意義之具體表現，初民因而悟出這種觀念。造字者更合木模竹笵土型一類的觀念，而另成一⿱亼正字。⿱亼正字从⿱亼正，謂合於正也。㓝字也含有正的意義，例如古書上所謂典刑、儀刑、㓝人等名詞的㓝字即是。

從前指刑的灋字與指型的⿱亼正字，因轉注而混同，於是法字遂兼含刑罰和模範的兩種意義。

法字既含有模範法則的意義，而最足以爲法則的，似又莫過於音樂的「律」，所以又與律互用。說文於律字條下說：

『律，均布也。』

段注說：

『律者，所以笵天下之不一而歸之於一，故曰均布。』

律既可以「笵天下之不一，而歸之於一，」那就與法相通了。因之法和律兩字始而可以分別互用，繼而逕合用爲一名詞。

法字的普通意義既已明白，現在可進而談談法家所謂的特殊意義又如何。法家雖然主張重刑必罰，然法家所謂法，不僅指刑而言，實兼指法及由法而生的刑而言，可以說既有標準的意義，又有刑罰的意義。法必有刑，刑必依法，法是刑的標準，刑是法的實施。言法，即有刑在其中；言刑，即有法在其先。法與刑已成爲兩個不可分離的觀念。所以韓非子所說法的定義如下：

例如：

『法者，憲令著於官府，賞罰必於民心；賞存乎慎法，而罰加乎姦令者也。』（定法）

這是說法中有刑。不過法家特別重刑，所以有時將刑特別提出討論，更有時將刑與法對照討論，例如：

『矯上之失，詰下之邪，治亂決繆，絀羨齊非，一民之軌，莫如法；厲官威民，退淫殆，止詐僞，莫如刑。』（韓非子有度）

這雖將法與刑對照討論，然不能因此誤會法家所謂法與刑是兩個絕不相干的觀念，只是顯示刑的重要而已。更進一層說，法家通常所謂法，雖多含有刑的意義在其中，然又不能因此誤解法家所謂法，等於世所謂「刑法」或「刑律」。因爲法家所謂法實包括國家的一切制度，連後世所謂「法律」在內而言。制度必定爲法律，法律必繼以刑罰，這固是法家的正宗主張，然只言刑罰不能盡法律的意義，只言法律也不能盡制度的意義，故尹文子分法爲四種如下：

『法有四呈：一曰不變之法，君臣上下是也。二曰齊俗之法，能鄙（按鄙與不字同）同異是也。三曰治衆之法，慶賞刑罰是也。四曰平準之法，律度權量是也。』（大道上）

尹文子雖爲僞書，然此段所說，實可表示法家所謂法的大概。不變之法指政制，齊俗之法指綜核，治衆之法指賞罰，平準之法指經濟。法家所謂法實兼舉此四種法而言，不僅限於治衆之法。不但如此，除此四種法外，關於軍事和文化之法，也在法家所謂法之內。法家主張法是治國的惟一標準，一切須定爲法，一切須決於法，法須變革，法須成文，法須公布，法須厲行——綜核名實，信賞必罰

——法無例外，任法而不任人，任法而不任智，任法而不任私。這是法家所謂法的要義。欲知其詳細說明，請看本書法家的法律論章。

二　法家的意義

法字的普通意義與特殊意義已略說如上，可進而說明什麼叫做法家了。法家之得以成家，固在戰國；而法家二字合爲一名詞，則始於漢代。司馬談論六家要指說：

『夫陰陽儒墨名法道德，此務爲治者也，直所從言之異路，有省不省耳。……法家嚴而少恩，然其正君臣上下之分，不可改矣。……法家不別親疏，不殊貴賤，壹斷於法，則親親尊尊之恩絕矣。可以行一時之計，而不可長用也。故曰「嚴而少恩」。若尊主卑臣，明分職不得相踰越，雖百家不能改也。』（史記太史公自敍，又漢書司馬遷列傳）

法家名詞，始見於此。由此可知法家是六家中的一家，是「務爲治」的，是「壹斷於法」的，是「明分職不得相踰越」的。換句話說，法家是一種政治家，是一種以法治國的政治家，是一種綜核名實，信賞必罰的政治家；在理論上有明確的系統，在歷史上有實際的建立，所以法家既是政治思想家，又是政治實行家，法家的意義，約略如此。至於漢以後所謂「律家」，和「法吏」或「刑幕」，只能算是法家的支流，不能算是法家的正宗。司馬談的本意，雖在批評法家，然法家的眞意，也可從他的批評中看出一部分如上。

次於司馬談使用法家名詞的，爲劉歆。劉歆編次七略，列法家爲九流之一。班固選述漢書，沿用其說，如下：

『法家者流，蓋出於理官，信賞必罰，以輔禮制。易曰：「先王以明罰飭法」，此其所長也。及刻者爲之，則無教化，去仁愛，專任刑法，而欲以致治，至於殘害至親，傷恩薄厚。』（藝文志）

法家學說起於春秋戰國的時勢需要，並非出於理官。（參閱淮南子要略及胡適文存第一集諸子不出於王官論）「信賞必罰」雖爲法家的特色，然非「以輔禮制」。因爲法家只認定法爲治國的惟一標準，並不承認所謂禮制。至其批評，仍不外司馬談所謂「嚴而少恩」一類的說法。儒家以恩爲德，而法家則以恩爲私。任法則必「傷恩」，用恩則必毀法。「嚴而少恩」在儒家看來，是一罪狀；而在法家則認爲是「奉公守法」，乃治國的一個必要信條。劉向等的說法，既全用儒家的觀點，又將法家等於刑吏，未免過於小視，還不及司馬談的說法比較近眞。

中國歷史上不襲司馬談或劉歆的陳說，而對於法家有一種正確解釋的，恐怕要首推魏的劉邵。他在人物志上說：

『建法立制，富國強人，是謂法家，管仲商鞅是也。』（業流篇）

『法家之材，司寇之任也。』（同上）

『立法之能，治家之材也；故在朝也，則司寇之任，爲國則公正之材。……行事之能，譴讓

之材也；故在朝也，則司寇之任，爲國則督責之政。』（材能篇）

我們要更正確的了解法家的本來面目，必須撤去漢儒以來的偏見，而求之於法家的歷史與理論。要研究法家的理論，又必須求之於法家的著述及與法家有關的書籍。最先系統的著錄法家書的，要推七略與漢書。七略雖已佚，漢書猶存有法家十家二百一十七篇的目錄如下：

一、李子三十二篇，
二、商君二十九篇，
三、申子六篇，
四、處子九篇，
五、愼子四十二篇，
六、韓子五十五篇，
七、游棣子一篇，
八、鼂錯三十一篇，
九、燕十事十篇，
十、法家言二篇。

右十家中，李子，處子，游棣子，燕十事，法家言五書已全佚；申子，鼂錯只有淸人的輯本（見馬國瀚，玉函山房輯佚書）；商君，愼子只有殘本；比較完全的，只有韓子（卽韓非子）一種。管子在漢志雖列在道家，然其中實不少法家言，故隋書經籍志以後的著錄均列入法家。管子內容雖龐雜，而且非出於管仲之手，然其中的法家言，亦出於戰國及前漢法家者流，宜視爲法家要書之一。尹文子雖自漢志以來卽列入名家，然其中有法家言，也可供參考。關於先秦法家書的詳細考證，另詳他章。在現存的先秦法家諸書中，最可考見法家理論的，第一爲韓非子及商君書，其次爲管子與愼子。先秦以後，雖間有新出的法家書，然或則演繹先秦法家言，或則校釋先秦法家書，在理論上均不出先秦法家的範圍。故本書對於法家理論的研究，只取先秦法家書做根據。我們在這些先秦法家的遺書中，發現法家對於國家，政府，法律及政策各方面均有精要的理論。其理論的中心，在以新的君主政治，代替舊的封建政治。立國的根本，在「力」。力的養成，在實行軍事的，經濟的，及文化的國家主義。治國的手段，在任法任術與任勢。信賞必罰，只是任法的一種態度。循名責實，只是任術的一種方法。嚴刑重罰，只是治亂國用重典的一種主張。法家之所以爲法家者，在如此這般的全部理論。法家既有如此這般的全部理論，所以不僅是律家，更不僅是刑吏，而確是一種政治思想家或政治學者。他們的代表學者，是韓非。他們的代表著述，是韓非子。關於韓非子及其他法家書中的主要理論，將於本書下編各章詳論之。

法家不但有理論，而且有事業。我們從法家事業的歷史上又可看出法家是一種實際政治家，是一種實行法家理論的政治家。法家萌芽於春秋時代。此時代的法家，如管仲子產等，均曾有一點實際的建樹，爲法家的先驅。法家極盛於戰國時代。此時代的法家，如商鞅申不害以及李斯等將封建的中國變成君治的中國，將紛爭的中國變成一統的中國，開中國歷史的新紀元；同時愼到韓非等又在理論方面盡量發揮，而以韓非集其大成。自漢以後至淸末，法家雖因與他家混雜，不甚顯著；然政治家如鼂錯，諸葛亮，王猛，王安石，張居正等全具或稍具法家的意味，也能立功一時，輝耀歷史。是爲法家的演變。淸末以來，中國又入於一個新的戰國時代，需要新的法家，於是成爲法家的復興時代。由法家的先驅到法家的復興之歷史，將於以下分章論述，以期更易明瞭法家究爲何種人物。

第二章　法家與中國學術

一　法家與他家的差異

我們從中國的全部學術上，可見出法家與他家的差異，及其與他家的關係。中國學術的精華，在先秦諸子。先秦諸子的派別雖漢儒分爲六家或九流，然其中最主要的派別，只有四家，即儒墨道法。法家與儒墨道三家的根本差異在什麼地方呢？我們試先列一簡表，再加引證和說明，如下：

類別	基本立場	人生態度	政治主張	實行方法
儒家	家族主義	中庸主義	人治主義	感化主義
墨家	世界主義	積極主義	天治主義	尚同主義
道家	個人主義	消極主義	無治主義	放任主義
法家	國家主義	積極主義	法治主義	干涉主義

法家與儒家的根本差異，第一在基本立場的不同：儒家是用家族主義的立場做出發點，以討論一切社會問題，所以儒家說：

『孝弟也者，其爲人之本與？』（論語）

『君子篤於親，則民興於仁。故舊不遺，則民不偷。』（同上）

『或謂孔子曰：「子奚不爲政？」子曰：「書云：孝乎惟孝，友於兄弟；施於有政，是亦爲政。奚其爲爲政？」』（同上）

儒家認定家族是社會的基本組織，孝是社會的基本道德。其他一切道德都是孝的擴大。儒家哲學中最要的觀念，如「仁」，也是孝的無限擴大。所以說「親親而仁民，仁民而愛物。」所以要「移孝作忠」，「以孝治天下」。所以重「宗法」與「禮教」。於是儒家由家族主義出發，而形成了一種擴大的家族主義，國家卽爲一種擴大的家族，這是儒家的基本立場。但是法家的基本立場，則與儒家完全相反。法家認定「強國事兼併，弱國務力守；」（商君書）「力多則人朝，力寡則朝於人，」（韓非子）是國際鐵一般的事實。又認定耕戰爲力本，（參閱商君書愼法）所以主張一個國家必須盡力「壹民於農」，並「壹民於戰」，以求「富國強兵。」這全是用國家主義的立場做出發點，以討論一切國家問題。與這種立場相反的儒家說法，自必在法家反對之列。所以法家說：

『國有禮有樂，有詩有書，有善有修，有孝有弟，有廉有辯——國有十者，上無使戰，必削至亡；國無十者，上有使戰，必興至王。……國用詩書禮樂孝弟善修治者，敵至必削國，不至必貧國。不用八者治，敵不敢至，雖至，必却；興兵而伐，必取，取必能有之；按兵而不攻，必富。國好力，曰「以難攻」；國好言，曰「以易攻」。國以難攻者，起一得十；以易攻者，出十

亡百。』（商君書，去彊）

儒家要用家族主義的孝道推到國家，而法家則要用國家主義的霸道，力保國家。出發點完全不同，故結論相反。

法家與儒家的第二個根本差異，在人生態度；卽儒家對於人生態度採取中庸主義，而法家則採取積極主義。儒家說：

『質勝文則野，文勝質則史；文質彬彬，然後君子。』（論語）

『不得中行而與之，必也狂狷乎！狂者進取，狷者有所不爲也。』（論語）

『惟精惟一，允執厥中。』（書經）

『仲尼曰：「君子中庸，小人反中庸。君子之中庸也，君子而時中；小人之中庸也，小人而無忌憚也。」』（中庸）

所謂「文質彬彬」，「中行」，「執中」，「時中」，都是一種中庸態度。應用這種中庸態度於人生，便成爲忠恕之道。所以儒家又說：

『道不遠人，人之爲道而遠人，不可以爲道。……忠恕違道不遠，施諸己而不願，亦勿施於人。』（中庸）

這種中庸態度是儒家所主張人對人的態度，既不甚消極，也不甚積極。而法家則以爲國家對人民的態度，不能像個人對個人的態度一樣，必須採取極積極的態度，那便是要用法，用術，用勢，以澈底統治國家。法家說：

『夫嚴家無悍虜，而慈母有敗子。吾以此知威勢之可以禁暴，而德厚之不足以止亂也。夫聖人之治國，不恃人之爲吾善也，而用其不得爲非也。恃人之爲吾善也，境內不什數。用人不得爲非，一國可使齊。爲治者用衆而舍寡。故不務德而務法，』（韓非子，顯學）

所謂用衆而舍寡，一國可使齊，便是一種極積極的主義。法家對於一切都要求貫澈，要求一致，自無取於中庸的態度了。

法家與儒家的第三個根本差異，在政治主張及實行方法。儒家的政治主張爲「人治」，而以感化的方法實行之。法家的政治主張爲「法治」，而以干涉的方法實行之。孔子說：

『道之以政，齊之以刑，民免而無恥；道之以德，齊之以禮，有恥且格。』（論語）

「道之以政，齊之以刑，」是法家的主張。「道之以德，齊之以禮，」是儒家的主張。這是儒家與法家最古的分辨。儒家又說：

『政者，正也。子帥以正，孰敢不正？』（論語）

『君仁莫不仁，君義莫不義，君正莫不正。一正君而國定矣。』（孟子）

『惟仁者宜在高位；不仁者而在高位，是播其惡於衆也。』（孟子）

『有亂君，無亂國；有治人，無治法。羿之法非亡也，而羿不世中；禹之法猶存，而夏不世王。故法不能獨立，類不能自行。得其人則存，失其人則亡。法者，治之端也；君子者，法之原

也。故有君子，則法雖省，足以徧矣；無君子，則法雖具，失先後之施，不能應事之變，足以亂矣。』（荀子君道）

「有治人無治法，」這是儒家的政治信條。但法家的政治信條，則恰與此相反，而爲「有治法，無治人。」法家說：

『田子讀書，曰：「堯時太平。」宋子曰：「聖人之治以致此乎？」彭蒙在側，越次答曰：「聖法之治以致此，非聖人之治也。」宋子曰：「聖人與聖法何以異？」彭蒙曰：「子之亂名甚矣！聖人者，自己出也；聖法者，自理出也。理出於己，己非理也；己能出理，理非己也。故聖人之治，獨治者也；聖法之治，則無不治矣。」』（尹文子大道下）

這是精確分析人治與法治的不同。法家以爲人治，既有人存政舉人亡政息的流弊，即令人存，也有政不能盡舉的流弊。不若法治，標準確定，遵守容易，不因人的好壞而影響治亂。所以主張「任法而不任人，」「百度皆準於法。」關於法家主張法治的理由，本書下編尚須詳細說明，玆暫從略。

法家與墨家的根本差異，第一也在基本立場不同。法家以國家主義爲基本立場，故一面承認國際競爭，一面準備戰爭。墨家以世界主義爲基本立場，故一面主張兼愛，一面主張非攻。墨家說：

『仁人之所以爲事者，必興天下之利，除天下之害，以此爲事者也。然則天下之利，何也？天下之害，何也？子墨子曰：今若國之與國之相攻，家之與家之相簒，人之與人之相賊，君臣不惠忠，父子不慈孝，兄弟不和調，此則天下之大害也。然則崇此害亦何用生哉！以不相愛生耶？

子墨子言：以不相愛生。今諸侯獨知愛其國，不愛人之國，是以不憚舉其國以攻人之國……是以仁者非之。旣以非之，何以易之？子墨子曰：以兼相愛交相利之法易之。然則兼相愛交相利之法何哉？子墨子言：視人之國若視其國，視人之家若視其家，視人之身若視其身。是故諸侯相愛，則不野戰。……天下之人皆相愛，強不執弱。』（墨子，兼愛中。）

所謂「興天下之利，除天下之害。」是一種世界主義。實現此種世界主義的方法，在「視人之國若視其國」的兼愛。但此種說法，法家只認爲是一種理想，而不是一種事實。「視人之國若視其國」，爲歷史從來所無。歷史所昭示於人的，是「強國事兼併，弱國務力守；」「戰勝則名尊地廣以至於王，戰敗則名卑地削以至於亡。」國與國只有相爭，絕少相愛。墨家以國與國相爭的不利，故欲以兼愛易之，而成爲一種世界主義。法家則以國與國相爭的不可免，故尙戰以求其必勝，而成爲一種國家主義。

墨家與法家對於人生態度，雖同爲積極主義，然墨家以世界爲積極的對象，法家只以國家爲積極的對象，是一大不同。又墨家的積極主義含有宗敎的意味，而法家的積極主義，則純爲政治性的，這也是一個大不同。

法家與墨家的第三個根本差異，在法家的政治主義爲法治主義，而以干涉主義實行之；墨家則爲天治主義，而以尙同主義實行之。墨家說：

『順天意者，兼相愛，交相利，必得賞；反天意者，別相惡，交相賊，必得罰。然則誰順天意而得賞者？誰反天意而得罰者？子墨子言曰：「昔三代聖王禹、湯、文、武，此順天意而得賞者也；昔三代之暴王桀、紂、幽、厲，此反天意而得罰者也。」然則禹、湯、文、武，其得賞何以也？子墨子言曰：「其事上尊天，中事鬼神，下愛人。故天意曰：此之我所愛，兼而愛之；我所利，兼而利之。愛人者，此爲博焉；利人者，此爲厚焉。故使貴爲天子，富有天下，業萬世子孫，傳稱其善，方施天下，至今稱之，謂之聖王。」然則桀、紂、幽、厲，其得罰何以也？子墨子言曰；「其事上詬天，中詬鬼，下賊人。故天意曰：此之我所愛，別而惡之；我所利，交而賊之。惡人者，此爲博也；賊人者，此爲厚也。故使不得終其壽，不歿其世，至今毀之，謂之暴王，」。（墨子，天志上）

這是依天意行賞罰的天治主義。實行此種主義的方法，不外「上同而不下比」。所以墨家又說：

『然則欲同一天下之義，將奈何可？……家君得善人而賞之，得暴人而罰之。善人之賞，而暴人之罰，則家必治矣。然計若家之所以治者，何也？惟以尚同一義爲政故也。……故又使家君總其家之義，以尚同於國君。……故又使國君選其國之義，以尚同於天子。……天下既已治，天子又總天下之義，以尚同於天。』（墨子，尚同下）

家君尚同於國君，國君尚同於天子，天子尚同於天，可見天在墨家思想中居最高最要的地位。然「天」爲一種宗教信仰，常在冥冥之中，實不若法之明確可信。故法家不以天治，而以法治，依法行賞罰，不依天行賞罰。「中程者賞之，不中程者誅之。」「以法治國，舉措而已。」在法家思想中，只有法的觀念，沒有天一類的觀念。所以韓非子說：

『亂弱者亡，人之性也；治強者王，古之道也。越王勾踐恃大朋之龜，與吳戰而不勝，身臣入宦於吳。反國，棄龜，明法，親民，以報吳，則夫差爲擒。故恃鬼神者慢於法，恃諸侯者危其國。』（飾邪）

「棄龜明法」，便是不要「天」一類的觀念。「法」在法家思想中的地位，如「天」在墨家思想中爲最高最要的一樣，這是兩家不同的所在。又法家爲實現干涉主義，也要求「壹」或「齊」。「壹」或「齊」與墨家所謂「同」似同而不同。因爲墨家的「同」，是自下而上的，所以叫做尙同，尙同者，上同也，同於上也。而法家的「壹」或「齊」，是自上而下的，所以要壹民於法，或以法齊民。

法家與道家的根本差異，第一在法家的基本立場是社會的國家主義，對於人生採取積極的態度；而道家則爲反社會的個人主義，對於人生也因而採取消極的態度。道家雖在宇宙哲學上較他家發明爲多，然以其欲將人生返於自然，遂成爲一種反社會的個人主義。道家說：

『人法地，地法天，天法道，道法自然。』（老子）

『道常無爲而無不爲。』（同上）

所謂「道法自然」，與「道常無爲而無不爲」，是道家哲學的第一義。應用此第一義於人生，便成了反社會的消極的個人主義。所以又說：

『不見可欲，使民心不亂。』（老子）

『化而欲作，吾將鎭之以無名之樸。無名之樸，夫亦將無欲。不欲以靜，天下將自定。』(同上)

老子是道家之祖，他實行他的理論，成爲逃避的出關。莊子是道家之宗，他實行他的理論，成爲達觀的逍遙，莊子說：

『芴漠無形，變化無常，死與？生與？天地並與？神明往與？芒乎何之？忽乎何適？萬物畢羅，莫足以歸。古之道術，有在於是者，莊周聞其風而悅之。……以天下爲沈濁，不可與莊語，以巵言爲曼衍，以重言爲眞，以寓言爲廣，獨與天地精神往來，而不敖倪於萬物。不譴是非，以與世俗處。……上與造物者遊，下與外死生無終始者爲友。』(天下篇)

老子的逃避，和莊子的達觀，都是反社會的消極態度，已不免帶有個人主義的傾向。至於道家的楊朱，則更充分表現個人主義的色彩。孟子說：

『楊子爲我，拔一毛以利天下，不爲也。』

列子說：

『人之生也，奚爲哉？奚樂哉？爲美厚爾，爲聲色爾。而美厚不可常厭足，聲色不可常厭聞。乃復爲刑賞之所禁勸，名法之所進退。遑遑乎競一時之虛名，規死後之餘榮。偊偊爾愼耳目之觀聽，惜身意之是非。徒失當年之至樂，不能自肆於一時。重囚纍梏，何以易哉？太古之人，知生之暫來，知死之暫往。故從心而動，不違自然所好。當身之娛，非所去也，故不爲名所勸。

從性所遊，不逆萬物所好。死後之名，非所取也，故不爲刑所及。名譽先後，年命多少，非所量也。』（楊朱篇）

「從心而動，不違自然所好」，是以放肆爲自然，以肆樂爲自然，而反對一切刑賞名法。如此，則與法家之以刑賞名法爲統治國家的重要工具者，顯然處在兩個極端了。道家要法自然，法家要反自然。道家要消極無爲，法家要積極有爲。道家理論的實現，是反社會的個人主義；而法家理論的實現，則爲社會的國家主義。這是兩家根本差異之一。

法家與道家的第二個根本差異，在法家的政治主張是法治主義，而以干涉主義實行之；道家則爲無治主義，而以放任主義實行之。道家說：

『民之難治，以其上之有爲，是以難治。』（老子）

『民莫之令而自正』。（老子）

『我無爲而民自化，我好靜而民自正，我無事而民自富，我無欲而民自樸。』（老子）

這是以無爲爲有爲，以無治爲治，而形成一種無治主義。道家在政治上既主張無治，所以絕對反對干涉。莊子說：

『伯樂曰：「我善治馬」。燒之、剔之、刻之、雒之、連之以羈馽，編之以皁棧，馬之死者十二三矣。饑之、渴之、馳之、驟之、整之、齊之，前有橛飾之患，而後有鞭策之威，而馬之死者已過半矣。陶者曰：「我善治埴，圓者中規，方者中矩。」匠人曰：「我善治木，曲者中鉤，直者應繩。」夫埴，木之性，豈欲中規矩鈎繩哉！然且世世稱之曰：「伯樂善治馬，陶、匠善治埴木。」此亦治天下者之過也。』（馬蹄）

『聞在宥天下，未聞治天下也。在之也者，恐天下之淫其性也，宥之也者，恐天下之遷其德也。天下不淫其性，不遷其德，有治天下者哉？』（在宥）

以治爲過，而主張「在宥天下」，便是要實行放任主義而聽其自然。然法家則不以自然之性爲善，故主張用法治矯正整齊之。法家說：

『夫必恃自直之箭，百世無矢；恃自圜之木，千世無輪矣。自直之箭，自圜之木，百世無有一，然而世皆乘車射禽者，何也？隱栝之道用也。……雖不恃賞罰，而有恃自善之民，明主弗貴也。何則？國法不可失，而所治非一人也。故有術之君，不隨適然之善，而行必然之道。』（韓非子顯學）

道家力反「陶匠」，法家要用「隱括」。法家所用的「隱括」，便是實行干涉的「法」。道家的理論，在法家看來，充其量不過是「微妙之言」，也在反對之列。所以韓非子說：

『微妙之言，上智之所難知也。今爲衆人法，而以上智之所難知，則民無從識之矣。……夫治世之事，急者不得，緩者非所務也。今所治之政，民間之事，夫婦所明知者不用，而慕上智之論，則其於治反矣。故微妙之言，非民務也。』（五蠹）

由上可知法家與儒墨道三家的大概差異。我們若要更簡單的說，則儒家是以家族主義爲背境的教育家，對於一切社會問題的討論多含有教育的意味在內；墨家是以世界主義爲背境的宗教家，對於一切社會問題的討論多含有宗教的意味；道家是以個人主義爲背境的哲學家，對於一切社會問題的討論多含有個人的意味；至於法家則是以國家主義爲背境的政治家，對於一切社會問題的討論，又多含有政治的意味在內。法家之所以別於三家者，其最要點在此而已。

二　法家與他家的關係

法家與儒墨道三家的大概差異既已明瞭，我們可進而說明法家與他家的關係。法家與他家的關係，可從兩方面去看：在一方面，可從法家所受他家的影響上去看；在又一方面，也可從他家所受法家的影響上去看。就中國學術發展的次序說，法家的成立較他家爲遲。因此法家雖有異於他家，而亦有取於他家。法家所取於他家的，就是法家所受他家的影響。法家之學，舊稱爲「刑名」之學；「刑名」卽是「形名」，又作「名實」。劉咸炘說：

『別錄曰：「刑名者，循名以責實，尊君卑臣，崇上抑下。」陸心原曰：「刑名者循名責實之謂，或以刑法當之，過矣。」此說是也。刑卽形，見尹文子。新序曰：「申子言術，商子言法，皆謂之刑名」』。（子疏）

「循名責實」，是形名的本義。此種方法，爲法家所主張的「術」之一種，而爲法家的根本精神之所寄。然此種方法並非法家所獨創，實由儒家，墨家，和名家的思想湊合推演並加強化而來。儒家自孔子以後，卽有正名的主張。論語說：

『子路曰：「衛君待子而爲政，子將奚先？」子曰：「必也正名乎！」』（子路）

『齊景公問政於孔子，孔子對曰：「君君、臣臣、父父、子子。」公曰：「善哉！信如君不君，臣不臣，父不父，子不子，雖有粟，吾豈得而食諸？」』（顏淵）

「君君、臣臣、父父、子子」，是一種倫理的正名論。儒家用以如此正名的經典，便是春秋。所以莊子說「春秋以道名分」。（天下篇）

墨家和名家均講究立言和辯論的方法，而成爲一種論理的正名論。墨子說：

『夫辯者，將以明是非之分，審治亂之紀，明同異之處，察名實之理，處利害，決嫌疑焉。摹略萬物之原，論求羣言之比。以名舉實，以辭抒意，以說出故，以類取，以類予。有諸己，不非諸人；無諸己，不求諸人。』（小取篇）

公孫龍子說：

『天地與其所產焉，物也。物以物其所物而不過焉，實也。實以實其所實不曠焉，位也。……正其所實者，正其名也。……夫名實，謂也。知此之非此也，知此之不在此也，則不謂也。知彼之非彼也，知彼之不在彼也，則不謂也。』（名實論）

墨子中所謂「以名舉實」，和公孫龍子中所謂「正其所實者，正其名也」，都是從論理上求正名。法家應用儒墨名三家的正名論於政治上，而成爲一種「形名」術。形名也講正名。不過「形名」所注重的，不僅在名，而且在形，這是法家不同於他家的一點。又法家所說的形名，是一種政治方法，即一種統治術，與儒家的正名偏重倫理的意義，墨家名家的正名偏重論理的意義的，也是一點不同。由此可知法家的形名，是一面應用舊說，一面賦與新義。其要點如下：

『名以檢形，形以定名；名以定事，事以檢名。……大要在乎先正名分，使不相侵雜。……名稱者，別彼此而檢虛實者也。』（尹文子大道上）

『有言者自爲名，有事者自爲形；形名參同，君乃無事焉，歸之其情。』（韓非子主道）

『君操其名，臣效其形；形名參同，上下和調。』（韓非子揚搉）

這樣的「形名」，是雖有取於「正名」，而又不同於正名了。

法家所受於道家的影響又如何？管子韓非子愼子本爲法家書，而其中却雜有道家言。申不害，愼到，韓非本爲著名的法家，然史記載其學本於黃老，如下：

『申子之學，本於黃，老，而主刑名。』（老莊申韓列傳）

『韓非……喜刑名法術之學，而其歸本於黃老。』（同上）

『愼到……學黃老道德之術，因發明序其指意，故著十二論。』（孟子荀卿列傳）

由此可見法家兼治道家之學。既兼治道家之學，自不免受其影響。法家所受道家的主要影響在什麼地方呢？本來法家與道家的基本理論，處在兩個極端：一個要極端「無爲」，一個要極端有爲，似難有接近的餘地。道家說：「道常無爲而無不爲」，「道法自然」。這是道家的宇宙哲學，也是道家的社會哲學。法家卽應用這種哲學，而成爲一種無爲的君道。道家是以無爲說明宇宙和社會，而法家則是以無爲說明君道。道家是以無爲爲究竟，法家則是以無爲爲手段。這是法家雖有取於道家，而又不同於道家的所在。法家所說無爲的要點如下：

『明君之道，使智者盡其慮，而君因以斷事，故君不窮於智；賢者效其材，君因而任之，故君不窮於能；有功則君有其賢，有過則臣任其罪，故君不窮於名。是故不賢而爲賢者師，不智而爲智者正。臣有其勞，君有其成功。』（韓非子主道）

『君臣之道，臣事事，而君無事。』（愼子）

『大君任法而弗躬，則事斷於法矣。』（同上）

『今乎權衡規矩，一定而不易，不爲秦楚變節，不爲胡越改容。常一而不邪，方行而不流。一日型之，萬世傳之，而以無爲爲之。』（淮南子）

由此可知法家所謂無爲，不是眞無爲，而是要藉君主的無爲，然後臣下可以有爲，然後事斷於法。

法家所受他家的主要影響，大概如上。法家雖較儒墨道等家成立爲遲，然自法家發生至成立的過程中，也曾給予他家一點影響。有人以爲韓非曾學於荀卿，是法家淵源於儒家的證據，固有相當道理。不過法家不創始於韓非，韓非只是集商鞅申不害愼到等法家的大成。商，申，愼諸人俱在荀卿以前，已有事功或學說表現於世。荀卿生當戰國末年，雖其主旨仍爲一個儒家，然其立論却不免受了法家的影響。他所說的「禮」，「法後王」，以及性惡說，都是受了法家影響後對於儒家舊說的修正。荀子說：

『夫民易一以道，而不可與共故。故明君臨之以勢，道之以道，申之以命，章之以論，禁之以刑。故其民之化道也如神，辯說惡用矣哉？今聖王沒，天下亂，姦言起，君子無勢以臨之，無刑以禁之，故辯說也。』（正名篇）

『夫德不稱位，能不稱官，賞不當功，罰不當罪，不祥莫大焉。……夫征暴誅悍，治之盛也。殺人者死，傷人者刑，是百王之所同也，未有知其所由來者也。刑稱罪則治，不稱罪則亂。故治則刑重，亂則刑輕。犯治之罪固重，犯亂之罪固輕也。書曰：「刑罰世輕世重」，此之謂也』。（正論篇）

所謂「臨之以勢，禁之以刑」，「治則刑重，亂則刑輕」等等，都是荀卿以前的儒家所不樂說的，並且多以這等說法反對法家。到了荀卿也同法家一樣講「勢」和「刑」，自然是因爲受了法家的影響。我於他處曾說；

『商鞅以前的政治思想界，以孔，老，墨三家的歷史較久，聲勢較大，法家晚出，尚無十分精采。但經商鞅變法後，法家的理論完全確立，法家的實效充分表現，於是法家在政治思想和實際上，均占優勢。尚自然的道家和尚兼愛的墨家，從此失勢，固不待說；即歷史最久，憑藉最大，和大師最多的儒家，也無法在當時政治上發生大實效。孟子周遊列國，終不得見用。荀子不得已，乃酌採法家的思想，以改造儒家的理論。他也要講「強國」(荀子第十六篇名)，「富國」(荀子第十篇名)，並且「議兵」(荀子第十五篇名)。他所說的「禮」，與法家所謂「法」相去無幾。他曾說「壹人」(王覇篇)；「民齊者強，不齊者弱；賞重者強，賞輕者弱；刑威者強，刑侮者弱；權出一者強，權出二者弱」；(議兵篇)「不威不強，不足以禁暴勝悍」，「政令一」，「正法以齊官，平政以齊民。」(富國篇)「隆一而治，二而亂。」(致士篇)這都不是顯然受了商鞅思想的影響嗎？』(商鞅評傳第六章)

由這段話，可以充分證明法家所給予荀卿的影響。荀卿是儒家的一個大師。所謂「荀學」，在漢以後也比較占優勢。因此也可說儒家受了法家的影響不小。

法家曾受道家的影響，固爲從來學者所常說；然道家也曾受法家的影響，則似尙無人提及。最早的道家書如老子，是完全反對法治的，如下：

『天下神器，不可爲也！爲者敗之，執者失之。』

『法令滋彰，盜賊多有。』

『民不畏死，奈何以死懼之。』(俱見老子)

老子書中又曾說「失道而後德，失德而後仁，失仁而後義，失義而後禮」，却不曾說到「失禮而後法」，可見老子書中沒有承認法或刑的地位。但是比老子較晚的莊子，雖不重視法和刑，然也予法和刑一個較低的地位。莊子說：

『麤而不可不陳者，法也。……故聖人……齊於法而不亂。』（在宥篇）

莊子雖以「法」較「道」爲麤，然承認其「不可不陳」。這是法家得勢以後，道家受了法家影響的一種說法。莊子又說：

『古之明大道者，先明天而道德次之。道德已明，而仁義次之。仁義已明，而分守次之。分守已明，而形名次之。形名已明，而因任次之。因任已明，而原省次之。原省已明，而是非次之。是非已明，而賞罰次之。賞罰已明，而愚知處宜，貴賤履位，仁賢不肖襲情，必分其能，必由其名，以此事上，以此畜下，以此治物，以此修身。知謀不用，必歸其天。此之謂太平，治之至也。故書曰：有形有名。形名者，古人有之，而非所以先也。古之語大道者，五變而形名可舉，九變而賞罰可言也。』（天道篇）

形名賞罰本是道家所不取的，而此竟說「五變而形名可舉，九變而賞罰可言」，也似是受了法家影響的一種說法。

此外先秦諸家中與法家最有關係的，恐怕要推兵家。兵家不曾反對法家，法家也不曾反對兵家，這是一個消極的證明。至於積極的證明，則有：（一）吳起以兵家而兼爲法家，商鞅以法家而兼爲兵家，其他法家如管仲、諸葛亮、王猛、張居正等亦多兼爲兵家。（二）法家書如商君書，管子，多附帶談兵。（三）法家主張「尚力」，「強兵」，自然對於兵家不得不加以重視。（四）兵家治兵，極重「嚴明」；法家任法，也極重嚴明。法家對於嚴明的特殊名詞，便是「信賞必罰」。這是法家精神與兵家精神相通之處。法家之所以特別重「嚴刑峻法」者，也許是由兵家的兵法悟來。韓非子說：

『晉文公問於狐偃曰：「然則如何足以戰民乎」？狐子對曰：「令無得不戰」。公曰：「無得不戰奈何」？狐子對曰：「信賞必罰，其足以戰。」公曰：「刑罰之極安至」？對曰：「不辟親貴，法行所愛。」文公曰：「善」。明日，令田於圃陸，期以日中爲期，後期者行軍法焉。於是公有所愛者曰顚頡，後期，吏請其罪，文公隕涕而憂。吏曰：「請用事焉」。遂斬顚頡之脊，以徇百姓，以明法之信也。而後百姓皆懼，曰：「君於顚頡之貴重如彼甚也，而君猶行法焉，況於我則何有矣。」文公見民之可戰也，於是遂興兵，……一舉而八有功。所以然者，無他故異物，從狐偃之謀，假顚頡之脊也。』（外儲說右上）

這段故事，卽可證明法家精神乃有取於兵家精神。

自秦統一以後，法家理論已完全實現，於是法家漸有與各家合流的趨勢。號稱雜家的呂覽，其主旨本在道家，然於治術則多採法家言，是法家與道家合流了。漢後儒家談所謂「經濟」者，多與法家接近，是法家也與儒家合流了。漢武雖罷黜百家，獨尊孔氏，然其本身亦雜用儒法。自漢武至淸末，中國政治思想的主要趨勢，大概是外儒，內法，而濟之以道。換句話說，便是儒家潤色政治，法家支持政治，道家調劑政治。在表面上，儒家固占獨尊的優勢，然在骨子裏，法家仍然用事，不過不及戰國時代那樣顯著罷了。

三　法家在中國學術上的地位

法家與各家的根本差異及互相影響既已略說如上，我們可更進而談談法家在中國學術上的地位。法家之學，是一種政治學或政治哲學。先秦各家雖均「務爲治」，然却不是純談政治的。純談政治的，只有法家。因此又可以說，法家之學，是一種純粹政治學。法家之書，也就是一種純粹政治學的寶典。例如韓非子在中國學術上的價值，實不下於亞里士多德的政治學之在西洋學術上的地位。中國學術中，如果缺乏法家之學，便要失去關於政治方面最精采的一部分了。這是法家在學術本身上的價值。自法家發生後，漸次取得與儒道墨等家對抗的地位，同時又給予相當影響於儒道等家；最後又與儒道等家合參，而成爲中國學術上的伏流。如果從儒道等家中抽去法家的影響，則儒道等家便要減去不少光輝。這是法家在整個中國學術上的價值。一種學術的地位，不僅要看他的理論價值，而且要看他的實際價值。中國各種學術在實際上的價值，恐莫過於法家。法家將中國歷史根本改造了。自春秋到戰國數百年紛亂的局面，由法家改成大一統的局面。封建制度經法家之手，在二千多年前便已改成了郡縣制度。自漢至淸末的政治規模，在大體上是實行秦制，而秦制又是法家所創立的。法家之學，也可說是秦制的一種理論說明。中國之得以在亞洲大陸造成一個大一統的大帝國者，實受法家學說之賜爲多。近百餘年中，中國屢遭外侮或內亂，伏流的法家，便有躍起的傾向，即由於法家學說較爲切合實際需要，而能產生實際功效。我們可以說，中國沒有法家，中國便從來不能統一爲一個大國家，或至今如歐陸一樣的小國林立。我們今天有這樣大的一個國家，是法家學遺留下來的。我們應感謝法家。我們應承認法家的歷史價值。

第三章　法家的起源

一　中國古代歷史與法家的發生

中國法家隨中國歷史而變化，中國歷史也隨中國法家而變化。換句話說，中國法家是中國歷史的產兒，同時也是改造中國歷史的人物。中國歷史，就政治制度的特點說，可以分爲三大階段：第一大階段，爲周初建立的封建政治制度。此制度維持至平王東遷以後，卽漸次動搖，至戰國時代便完全崩潰，而趨向於新政治制度的建立。故春秋至戰國，可以說是由歷史的第一大階段轉變到第二大階段的過渡時期。法家卽在此時期萌芽而發展至於極盛，完成了由第一大階段到第二大階段的歷史使命。第二大階段爲秦代所建立的君主政治制度。此制度，自秦至淸末兩千餘年間，雖經過若干朝代的興亡與國家的分合，然在實際上對於制度的本身，究無根本變化。法家在此長時期中，一面似有功成身退的傾向，又一面仍於演變中在政治上發生相當的作用。自淸代鴉片戰役開關以後，中國的環境卽由閉關一統的國家進入世界競爭的國家。近代世界，是一個最大的新戰國時代。老大的中國，因外交失敗，不得不參加這個新戰國時代。愈參加而愈遭失敗，於是君主政治制度也隨而動搖起來。淸末的維新運動，是想用和平的方法改造君主政治制度；革命運動，則是要用革命的手段推翻君主政治制度。辛亥武昌起義，一面推翻君主政治制度；一面創建民主政治制度，使中國歷史進入了第三大階段，爲中國政治上的又一大變局。不過辛亥革命雖於推翻君主政治制度奏了功效，而於創建民主政治制度已經有了數十年，還未完成。所以自清末至現在，近一百年之中，中國政治歷史，只是由第二大階段轉變到第三大階段的過渡時期。法家在此時期，一面有復興的傾向，又一面因新的需要和新的使命，而有醞釀新法家的傾向。法家與中國歷史的主要關係，大體如上。現在可進而分節說明法家在各歷史階段中的主要情形如何。本節先說法家的起源。

在封建制度未動搖以前，無法家產生的可能；封建制度既動搖以後，法家自必隨着產生。所以明瞭封建制度及其動搖的原因，便知法家之所以興起。周初所建立的封建制度，據左傳所說如下：

『天子建國，諸侯立家，卿置側室，大夫有貳宗，士有隸子弟，庶人工商，各有分親，皆有等衰。』（桓公二年）

分親依宗法而異，等衰依爵位而異。自天子諸侯以至卿大夫士都是列爵，分土，世官，子民的貴族階級；至於庶人不過是純粹的被治階級。又據禮記所說則如下：

『王者之制祿爵：公、侯、伯、子、男，凡五等；諸侯之上大夫卿、下大夫、上士、中士、下士，凡五等。天子之田方千里，公侯田方百里，伯七十里，子男五十里。不能五十里者，不合於天子，附於諸侯，曰附庸。』（王制）

由此可知封建不但是一種政治制度，而且是一種經濟制度。封建的貴族對於封土以內享有獨立的統治權，同時又享有壟斷的經濟權——土地所有權。在這種制度下，中央和地方的關係既不甚密切，而地方的貴族間，也不易保持密切的關係。換句話說，封建是自天子至士各等級間分而又分的一種分權制度。維持這種制度的最要工具，不是「權力」，而是「名分」；不是「法」，而是「禮」。所以周初於大規模實施封建以後，即行制定保持名分的「禮」，這便是所謂「周禮」。不過這種制度行了不過三百多年，便漸次動搖起來。最足以使封建動搖的主要原因，要推外患和內亂。封建之能否維持，第一須看封建的共主，即天子，能否保持最高的名分。然在春秋時代有所謂「尊王攘夷」的運動，這種運動之所以興起，即由於共主的王室發生了問題。將入春秋的時候，申侯與犬戎共攻幽王，諸侯俱未赴援，幽王被殺於驪山，從此西周滅亡。這是封建的共主在外患和內亂夾攻之下被推翻了。接着平王雖得諸侯一面拒戎，一面擁戴，重建周室，遷都洛陽，然王室從此只有一個虛名，諸侯可以利用王室，王室不能號令諸侯。王室既如此無力，自不能十分保持共主的名分了。所以鄭莊公攻桓王，桓王不能討；楚子問鼎之輕重，王室只能婉謝；趙盾藉故要討士氏，王室尚須殺大夫萇弘以謝。這是王室對諸侯不能保持封建名分的實證。再加上王室本身的內亂，諸侯與諸侯間的內亂，諸侯本身的內亂，於是整個封建的名分，便全被破壞，而成了孔子所謂「天下無道」的情景，如下：

『天下有道，則禮樂征伐自天子出。天下無道，則禮樂征伐自諸侯出。自諸侯出，蓋十世希不失矣。自大夫出，五世希不失矣，陪臣執國命，三世希不失矣。天下有道，則政不在大夫。天下有道，則庶人不議。』（論語）

這段話，可說是春秋時代的政情寫眞。春秋以前是「禮樂征伐，自天子出。」入了春秋以後，則

「禮樂征伐」，始而「自諸侯出」，繼而自大夫出，終而至於「陪臣執國命」。這樣一步一步地政權下移，所謂封建制度自不得不趨於有名無實了。

孔子曾舉當時魯國的政情作例，說：

『祿之去公室，五世矣。政逮於大夫，四世矣。故夫三桓之子孫微矣』。（論語）

魯國是如此，他國也大約相似。顧棟高曾描寫春秋內亂的情形，說：

『余觀春秋二百四十年，知天子之所以失其柄，而旁落於諸侯；諸侯之所以失其柄，而僭竊於大夫陪臣者，皆由刑賞之失政爲之，徵諸經傳可考而知也。蓋當春秋之初，猶能爵命儀父爲諸侯，而伐鄭，伐曲沃，猶能誅叛討篡，刑賞未盡失也。乃伐鄭而射中王肩，伐曲沃而荀賈爲晉所滅；其罪當滅國絕世，而天子不聞赫然震怒，列侯不聞敵王所愾。從此姑息養癰，馴至潰爛，此豈一朝一夕之故哉！當時以無罪殺母弟，而子頹，子帶侵犯王室，則避位而出奔。爵命至於奬篡弒，而求車求金，使命交馳，列侯視之如弁髦。蓋賞不足以勸善，罰不足以懲奸，徒擁虛名於其上而已。魯爲諸侯之望國，而陵夷更甚。慶父弒二君，再世負二君，而累代貴位。……列國風靡，蕩無綱紀。夫君之所以威其臣者，大則誅殺，小則竄逐。乃當其始也，諸侯猶以專殺爲罪。其後大夫自相殺，若齊之殺國佐，晉之殺欒盈，或出於闈闥，或出於權臣，諸侯並不得過而問矣。其始以專放爲罪，其後大夫不待奔逐，自出奔以抗國君，若孫林父之奔晉，宋魚石之奔楚。借援大國，爲國生患，兵連禍結，易世不改，上不得以威其下，下反得以要其上矣。』（春秋刑

賞表）

由此可見春秋內亂的一斑。在春秋的長期內亂中，以諸侯而得專征伐的，首推五霸；以大夫而得執國命的，首推魯三桓，齊田氏，晉六卿。這種新興的大小霸者，無論他們出身如何，都一致想保持並擴大權力。於是對外造成無數的兼併戰爭，對內發生地方的集權制度。這種地方的集權制度，雖對於原有的封建制度是一種破壞，而對於未來的君主制度則是一種萌芽。現將春秋時代與新的地方集權制度最有關係的事項，撮要說明如下：

第一爲新法的制定。封建制度在春秋時代既已動搖，則維持封建制度的周禮，自然也不能完全適用。各國爲適應時勢的需要，漸次制定各種新法，例如：

一、齊管仲「作內政以寄軍令」的軌里連鄉之法（詳國語）。

二、晉趙盾「始爲國政，制事典，正法罪，辟獄刑，董逋逃，由質要，治舊洿，本秩禮，續常職，出滯淹，既成以授大傅陽子與太師賈佗，使行諸晉國，以爲常法。」「文公蒐於被廬，修唐叔之法。趙鞅荀寅賦晉國一鼓鐵，以鑄刑鼎，遂著范宣子所爲刑書。」（俱見左傳）

三、昭公六年鄭子產鑄刑書。定公九年鄭「駟歂殺鄧析，而用其竹刑。」（俱詳左傳）

四、襄公九年使樂遄庀刑器。（見左傳）

五、楚文王作僕區之法。左傳杜注說：「僕，隱也；區，匿也；爲隱匿亡人之法也。」又莊王有茅門之法，見韓非子外儲說右。

管仲的「作內政以寄軍令，」是將封建的社會組織變爲軍國的社會組織，鄭的刑書，晉的刑鼎，宋的刑器，都是將從來的秘密法改爲公佈的法律。這在當時實在是一個大改革，所以引起了守舊派的反對，留待後面再說。

第二爲郡縣的試行。郡縣制度雖完成於秦，然在春秋時代也有一點萌芽。原來封建制度下的封君，對於封土以內同時享有統治權與土地權。然在春秋時，因貴族的互相兼併，對於新取的土地，求其能集權，於是有一種郡縣的試行。例如：

一、左傳僖公二十五年，晉文公以趙衰爲原大夫，孤溱爲溫大夫。這種「縣大夫」近於後代的縣長，與封建的封君不同。

二、楚的地方行政區域爲「縣」，縣的長官爲公或尹。左傳宣公十二年，鄗伯自請「夷於九縣」，可見楚有縣的制度。又宣公十一年楚莊王說：「諸侯，縣公，皆慶寡人」，可見縣公與封建的諸侯不同。

三、魯季氏使閔子騫爲費宰，宰就是縣長。

四、秦武公十年，代邽冀戎，初縣之。十一年，初縣杜鄭。（俱見史記秦本紀）

春秋時各國已有郡縣的試行，由上可見一斑。欲知其詳，可參閱顧亭林日知錄卷廿二郡縣一節。不過此時試行的郡縣，仍與封建混雜，尚未變成一個國家的整個地方制度。

第三爲田賦的改革。在周初封建制度之下，封君無論大小，都各有各的封土。封君又以其封土分封卿大夫士，卿大夫士又以其封土分授於庶人耕種，依井田的「徹法」而取稅什一。但是這種稅是分歸各貴族，並不是合繳於國庫，因此諸侯的財力不甚充裕。在封建的和平秩序未動搖以前，尚可勉強敷佈。不過入了春秋以後，各國間的聘貢和戰爭漸次繁盛起來，舊日的收入便大大不够供應。於是發生一種田賦的改革，例如：

一、左傳宣公十五年，魯，「初稅畝，非禮也，穀出不過藉。」杜注：『公田之法，十取其一。今又履其餘畝，復十收其一。故哀公曰：「二吾猶不足。」遂以爲常，故曰初。』

二、左傳昭公四年，「鄭子產作丘賦。」杜注：「丘，十六井，當出馬一匹，牛一頭。今子產別賦其田，如魯之田賦。」

三、左傳哀公十一年，「陳轅頗爲司徒，賦封田，以嫁公女；有餘，以爲己大器。」杜注：「封內之田，悉賦稅之。」

以上都是於什一外，又加稅的辦法。這種辦法，一面使井田制度破壞，一面使國君財力加厚；在春秋時代是一個普遍的趨向，不僅魯鄭陳三國如此。

春秋時代的制定新法，試行郡縣，和改革賦稅等等事項，雖是爲後來法家開了一個先路，然在當時，却是一個創舉，對於舊的封建制度極爲不利，故曾經引起大反對。其最遭反對的事項當推新法與畝稅。魯初稅畝，春秋譏其「非禮」。子產作丘賦，國人謗其「爲蠆尾」。轅頗賦封田，致爲國人所逐。這都是因畝稅而引起的反對。至於制定新法，更引起大的反對。晉鑄刑鼎，孔子反對說：

『晉其亡乎！失其度矣。夫晉國將守唐叔之所受法度，以經緯其民，卿大夫以序守之，民是以能尊其貴，貴是以能守其業。貴賤不愆，所謂度也。文公是以作執秩之官，爲被廬之法，以爲盟主。今棄是度也，而爲刑鼎。民在鼎矣，何以尊貴？貴何業之守？貴賤無序，何以爲國？且夫宣子之刑，夷之蒐也，晉國之亂制也，若之何以爲法！』（左傳昭公二十九年）

鄭鑄刑書，晉叔向致書子產反對說：

『始吾有虞於子，今則已矣。昔先王議事以制，不爲刑辟，懼民之有爭心也，猶不可禁禦；是故閑之以義，糾之以政，行之以禮，守之以信，奉之以仁，制爲祿位以勸其從，嚴斷刑罰以威其淫。懼其未也，故誨之以忠，聳之以行，敎之以務，使之以和，臨之以敬，涖之以彊，斷之以剛。猶求聖哲之上，明察之官，忠信之長，慈惠之師。民於是乎可任使也，而不生禍亂。民知有辟，則不忌於上；並有爭心，以徵於書，而徼幸以成之，弗可爲矣。夏有亂政，而作禹刑；商有亂政，而作湯刑；周有亂政，而作九刑：三辟之興，皆叔世也。今吾子相鄭國，作封洫，立謗政，制參辟，鑄刑書，將以靖民，不亦難乎？詩曰：「儀式刑文王之德，日靖四方。」又曰：「儀刑文王，萬邦作孚。」如是，何辟之有！民知爭端矣，將棄禮而徵於書；錐刀之末，將盡爭之。亂獄滋豐，賄賂並行。終子之世，鄭其敗乎！肸聞之，「國將亡，必多制」，其此之謂乎！』

（左傳昭公六年）

原來封建制度下的貴族和平民，是兩個對立的階級。貴族對於平民可以自由擅斷罪刑，以一面示威，一面「尊貴」。今鑄爲刑書或刑鼎，便不易擅作威福。所以孔子反對的理由，是「民在鼎矣，何以尊貴？」叔向反對的理由，是「民知有辟，則不忌於上。」貴族之所以尊，在於擅斷罪刑。而今可「徵於書」，卽失其所以尊了。並且這種公佈的刑書，不僅適用於平民，還得適用於貴族，那末自封建的保守論者看來，自必是「貴賤無序」，何以爲國了。不過春秋時代封建制度業已開始動搖，舊禮不能完全適用，必得另創新法。所以子產答復叔向的理由，如下：

『若吾子之言，僑不才，不能及子孫；吾以救世也。』（左傳昭公六年）

春秋之世，已不同於西周之世。故春秋之世，不能全用西周之禮。子產鑄刑書的惟一理由，就在於此。由此說來，法家之所以起源，也不外「救世」而已。

二　法家的先驅管仲與子產

春秋時代，只是法家起源的時代。各國施政雖有近於法家的一種新趨向，但以守舊的勢力甚大，不易養成純粹的法家。求諸歷史，我們只能發現齊管仲與鄭子產是這個時代的法家，可算是後來法家的先驅。現將他們的事蹟，略敍如下：

管仲名夷吾，字仲，或稱敬仲，齊桓公尊稱爲仲父，齊潁上人。初傅公子糾，糾敗，鮑叔薦於桓公爲相，歷四十年，卒於周襄王七年，生年不詳。他的政績，據史記所載如下：

『管仲既任政相齊，以區區之齊在海濱，通貨積財，富國強兵，與俗同好惡。……桓公實絫少姬，南襲蔡，管仲因而伐楚，責包茅不入貢於周室。桓公實北征山戎，而管仲因而令燕修召公之政。於柯之會，桓公欲背曹沫之約，管仲因而信之，諸侯由是歸齊。……管仲卒，齊國遵其政，常強於諸侯。』（管仲列傳）

管仲爲政雖以「尊王攘夷」爲號召，而其目的實在稱霸。爲求能稱霸計，實行「通貨積財，」是富國的方法。「作內政以寄軍令，」是強兵的方法。他之所以爲法家之祖者，卽在於此。管子書雖出於後人的依託，然其中有法家言，卽由於管仲本有法家的傾向，才加以依託。齊姜曾親見管仲的施政。他勸避難到齊國的重耳囘晉，說：

『昔管仲有言，小妾聞之，曰：「畏威如疾，民之上也；從懷如流，民之下也；見懷思威，民之中也。」畏威如疾，乃能威民；威在民上，弗威有刑。從懷如流，去威遠矣，故謂之下。其在辟也，吾從中也。鄭詩之言，吾其從之。此大夫管仲之所以紀綱齊國，裨輔先君而成霸者也。子而棄之，不亦難乎？』（國語晉語四）

由他的話看來，可見管仲之所以紀綱齊國，輔佐桓公以成霸的方法，在使民「畏威如疾」。這種使民「畏威如疾」的方法，只有法家才採用，故可旁證管仲爲一個法家的開山祖。重耳由齊囘晉以後，得繼齊桓公而成爲五霸之一的文公，也許多少是受了管仲的一點影響。

在管仲未執政以前，齊國固是一個亂國，卽整個中國也一面苦於外患，一面困於內亂。管仲執政以後，對內實行富國強兵，對外主張尊王攘夷。因此齊國得以治強，爲五霸之首，一面糾合諸侯，一面抵禦外患，使整個中國產生一種復興的新氣象。所以孔子雖譏他「器小」，並不「知禮」，但又極力稱讚他，說：

『子路曰：「桓公殺公子糾，召忽死之，管仲不死」，曰：「未仁乎？」子曰：「桓公九合諸侯，不以兵車，管仲之力也；如其仁，如其仁。」子貢曰：「管仲非仁者與？桓公殺公子糾，不能死，又相之。」子曰：「管仲相桓公，霸諸侯，一匡天下，民到于今受其賜。微管仲，吾其被髮左衽矣。豈若匹夫匹婦之爲諒也！自經於溝瀆，而莫之知也。」』。（論語）

由此可見管仲不但有功於齊一國，而且有功於全中國。法家富國強兵的方法雖爲儒家所不甚贊同，而於其霸諸侯，攘夷狄的功績，却不能不予以承認。這個法家的開山祖不是以言論宣揚學說，而是以事功建立模範，乃周公以後第一個大政治家。

子產約後於管仲一百年，姓公孫，名僑，字子產，以居於東里，又稱爲東里子產，鄭大夫子國之子。以爲貴族之後，少時即深曉政治。鄭簡公十二年，初爲卿，參與國政。簡公二十三年鄭相子皮授子產政。聲公五年卒。自爲卿至卒，執政共五十九年。生年不詳，大約享年七十餘歲，與孔子同時。管仲所憑藉的國家，是偏在海濱的大國；而子產所憑藉的國家，則是介在大國間的小國。其情境正是子皮讓相位於子產時，子產辭相所說的一樣：

『國小而偪，族大寵多，不可爲也。』（左傳襄公三十年）

當子產時，正是晉、楚爭霸的時期。鄭以一個小國，北與晉接近，南與楚接近，從晉，則楚不喜；從楚，則晉問罪，實在左右爲難。至於國內的貴族，又以「族大寵多」，常相爭殺，也不易爲。但是自子產執政以後，無論外交或內政，却多有辦法。鄭旣是「國小而偪」的國家，自不得不與大國講「親善」。因此子產常到各國去聘會。他一面結交各國的名臣，如晉叔向，齊晏嬰，吳季札等，又一面爲國家的主權和禮節盡力折衝，始終不辱使命，可見他是一個弱國的好外交家。現舉他「爭承」的故事作證。春秋時代，大國約諸侯盟會，小國是要納貢的。「爭承」便是指納貢的多少。魯昭公十三年，晉侯約諸侯同盟於平丘，子產相鄭伯與盟，左傳記其爭承的故事如下：

『子產爭承，曰：「昔天子班貢，輕重以列。列尊貢重，周之制也，卑而貢重者，甸服也。鄭伯，男也，而使從公侯之貢，懼弗給也。敢以爲請。諸侯靖兵，好以爲事。行理之命，無月不至；貢之無藝，小國有闕，所以得罪也。諸侯修盟，存小國也。貢獻無極，亡可待也。存亡之制，將在今矣。」自日中以爭至於昏，晉人許之。旣盟，子大叔咎之曰：「諸侯若討，其可瀆乎？」子產曰：「晉政多門，貳偸之不暇，何暇討國？不競亦陵，何國之爲？」』

杜注於最後一句：「不競爭，則爲人所侵陵，不成爲國。」子產深明這種「不競亦陵」的對外方針，所以他雖以小國而與大國講「親善」，然必爲「存亡之制」，自日中爭至日暮。這樣的外交家，才是保國的外交家，不是賣國的外交家。他在外交方面的事項甚多，差不多是處處成功的。欲知其詳，可閱左傳。

至於子產在內政方面的事項也不少，可分爲三要點來說：第一爲人事的安排。子產時貴族尙當權，他恐他們作亂，首先設法安排。舉例爲證，莫如賂伯石以邑的故事：

『子產爲政，有事伯石，賂與之邑。子大叔曰：「國皆其國也，奚獨賂焉？」子產曰：「無欲實難。皆得其欲，以從其事，而要其成。非我有成，其在人乎！何愛於邑？邑將焉往？」子大叔曰：「若四國何？」子產曰：「非相違也，而相從也。四國何尤焉？鄭書有之，曰：『安定國家，必大焉先。』姑先安大，以待其所歸。」既，伯石懼而歸邑，卒與之。』（左傳襄公三十年）

「皆得其欲，以從其事，而要其成，」這是安排人事的要訣。子產照此要訣去做，雖仍不免間遭貴族的反對，然而得安然渡過，未及於難，這是一點大成功。

第二爲制度的改革。左傳載子產對於內政的改革說：

『子產使都鄙有章，上下有服，田有封洫，廬井有伍。大人之忠儉者，從而與之；泰侈者，因而斃之。』（襄公三十年）

「都鄙有章，上下有服，」是整理服用。「田有封洫，廬井有伍，」是改革田制。與忠儉，斃泰侈，是改革風俗。此外尚有兩大改革，卽「作丘賦」與「鑄刑書」，已詳於前。這種種改革，在當時是一種大改革，故引起大反對。他應付人民反對的方法，有猛有寬，而偏重於猛，左傳記他作丘賦的故事說：

『鄭子產作丘賦，國人謗之，曰：「其父死於路，已爲蠆尾，以令於國，國將若之何！」子寬以告。子產曰：「何害。苟利社稷，生死以之。且吾聞爲善者不改其度，故能有濟也。民不可逞，度不可改。詩曰：禮義不愆，何恤於人言！吾不遷矣。」』（昭公四年）

這種『生死以之，不改其度』的方法，便是屬於猛一方面。同時子產也有寬的所在，可舉不毀鄉校的故事作證如下：

『鄭人游於鄉校，以論執政。然明謂子產曰：「毀鄉校何如？」子產曰：「何爲？夫人朝夕退而游焉，以議執政之善否。其所善者，吾則行之；其所惡者，吾則改之；是吾師也，若之何毀之！我聞忠善以損怨，不聞作威以防怨。豈不遽止？然猶防川。大決所犯，傷人必多，吾不克救也。不如小決，使道不如，吾聞而藥之也。』（左傳襄公三十一年）

子產於死前病中告訴子大叔的話，可以代表他對於寬猛的整個態度如下：

『惟有德者，能以寬服民；其次莫如猛。夫火烈，民望而畏之，故鮮死焉；水懦弱，民狎而翫之，則多死焉；故寬難。』（左傳昭公二十年）

子產偏重猛法，以改革制度的成效究竟如何呢？這可以鄭人對於子產的態度前後不同，引證如下：

『子產……從政一年，輿人誦之，曰：「取我衣冠而褚之，取我田疇而伍之。孰殺子產？吾其與之。」及三年，又誦之，曰：「我有子弟，子產誨之；我有田疇，子產殖之。子產而死，誰其嗣之！』（左傳襄公三十年）

人民始而怨他，至於要殺他；繼而又愛他，至於怕他死了，這正是「法之爲道，前苦而後樂。」第三爲秉公的態度。法家必須有一種秉公而不徇私的態度。子產於此點，又足爲一個模範的法家。子產之得爲相，原由子皮的推讓。照普通人情說，似應如何奉承子皮。然子產絕不徇情，可舉子產反對尹何做邑大夫的故事作證如下：

『子皮欲使尹何爲邑。子產曰：「少，未知可否？」子皮曰：「愿，吾愛之，不吾叛也。使夫往而學焉，夫亦愈知治矣。」子產曰：「不可。人之愛人，求利之也。今吾子愛人則以政，猶未能操刀而使割也，其傷實多。子之愛人，傷之而已：其誰敢求愛於子？子於鄭國，棟也，棟折榱崩，僑將壓焉。敢不盡言。子有美錦，不使人學製焉。大官大邑，身之所庇也，而使學者製焉。其於美錦，不亦多乎！僑聞學而後入政，未聞以政學者也。若果行此，必有所害。譬如田獵，射御貫則能獲禽；若未嘗登車射御，則敗績壓覆是懼，何暇思獲？」』（左傳襄公三十一年）

從子產對於內政方面的安排、改革和態度看來，他確是一個政治家。

第四章　法家的形成

一　戰國時勢的大變

法家萌芽於春秋時代以後，漸次醞釀到戰國時代，便在理論和實際兩方面達於成熟的境地。法家所以得成熟於戰國時代的總因，卽在戰國的時勢大異於春秋。顧亭林說：

『春秋時，猶尊禮重信，而七國則絕不言禮與信矣。春秋時，猶宗周王，而七國則絕不言王矣。春秋時，猶嚴祭祀，重聘享，而七國則無其事矣。春秋時，猶論宗姓氏族，而七國則無一言及之矣。春秋時，猶宴會賦詩，而七國則不聞矣。春秋時，猶有赴告策書，而七國則無有矣。邦無定交，士無定主，——此皆變於一百三十三年之間，史之闕文，而後人可以意推者也。不待始皇之一幷天下，而文武之道盡矣。』（日知錄）

「文武之道，」是一種什麼道？便是「封建之道」。封建之道，在春秋時雖已開始動搖，然守舊勢力尚占優勢，所以仍要「宗周室」，「論宗姓」，「嚴祭祀，重聘享」，「尊禮重信」種種封建之道。不過這種種封建之道，在霸主的口中，多是向外發展的一種假借：在弱國的口中，多是抵制侵略的一種掩護；已不及周初之能名符其實了。到了戰國，霸主用不着封建之道做假借，弱國也難用封建之道做掩護，於是封建之道便根本崩潰了。換句話說，春秋只是舊制度——封建制度動搖，新制度——君主制度萌芽的時期，所以還保存有舊制度的形式；而戰國則是舊制度崩潰，新制度建立的時期，所以只見有新制度的進展。法家就在這個舊制度崩潰，新制度建立的時期孕育而成，同時又是促進舊制度崩潰、新制度建立的政治家。

我們若更具體的說，則春秋時代雖封建業已動搖，然中國仍大體是在周天子名義之下的一個整個國家。但到了戰國，因篡奪或兼併的結果，遂形成幾個獨立的國家，各自稱王，互相抗爭，周天子由贅疣的地位而趨於滅亡，再用不着周天子的名義做號召了。楚國偏在南方，剪滅江北岸的小諸侯，構成一個獨立的大國，於春秋時已稱王，固不待說。秦國偏在西方，稱霸西戎，不與中原諸侯的盟會，中原諸侯也以夷翟視之，算是中原以外的一個獨立國家，也不待說。至於中原諸侯，則多數歸於滅亡，而另外形成幾個新的獨立國家。晉在春秋時，只是一個有力的諸侯，然在戰國時，三家分晉，便變成了三個新的國家，即韓，趙，魏。齊在春秋時也是一個有力的諸侯，然在戰國時田氏代齊，又變成了一個新的國家。只有燕偏在北方，變亂較少，尚保持召公以來的世系，然在戰國時也形成一個新的國家。於是戰國便形成韓、趙、魏、燕、齊、楚、秦七雄對峙紛爭的局面。在這種局面之下，七雄的要求，都是於名義上要稱王稱帝，於實際上要內求統一，外求發展，以為各自的生存和光榮。楚於武王時早經稱王。周烈王三十五年，魏惠王與齊威王會於徐州，互稱為王，接着他國亦均稱王。最後秦猶提議，秦為西帝，齊為東帝，這等稱王稱帝的故事，都是已經形成獨立國家的標記，不再是在天子名義之下的封建諸侯了。這等國家，也可說是由封建蛻化而成。他們為內求統一，不得不設法除去兩種障礙：一種障礙爲舊的貴族，又一種障礙爲新的游士。舊的貴族爲保持封建的權利，對於君主集權的新趨向，常持反對的態度。新的游士爲取得政治的地位，又多各逞「橫議」，以淆亂內部的統一。法家的學說正是剷除貴族，抵制游士的有力工具，適合內求統一的需要。這等國家又都處於相互競爭的地位，爲求競爭得勝計，不得不講求「富國強兵」。法家的學說中曾提示富國強兵的有效辦法，卽重農主義與軍國主義，也適合外求發展的需要。因此，法家在理論與實際上遂漸次達到成熟的境地，於學術上形成一種有力學派，於事業上完成一種歷史使命。這是法家在戰國時代的成就。現在依次敍述如下：

二　戰國初期的法家李悝吳起

戰國初期首先實行法家學說的，要推魏國。魏自文侯與趙韓分晉，建立新國，卽欲延攬人才，創建霸業，成爲戰國禮賢養士的先聲。他所延攬的人才，計有子夏，田子方，段干木，魏成子，翟璜，翟角，西門豹，屈侯鮒，趙倉唐，樂羊等，而其中以李悝、吳起兩人爲戰國法家的先導。

李悝，或稱李克，魏人，子夏弟子，曾爲魏中山守，並相文侯，著有李子三十二篇，見漢志，已佚。生死年月均不詳。他在魏最大的貢獻，第一爲編纂法經。晉書刑法志說：

『秦漢舊律，其文起自魏文侯師李悝撰次諸國法，著法經；以爲王者之政，莫急於盜賊，故其律始於盜賊，盜賊劾捕，故著囚捕二篇；其輕狡，越城，博戲，假借，不廉，淫侈，踰制爲雜律一篇；又以其律具，其加減，是故所著六篇而已，然皆罪名之制也。商君受之以相秦。』

唐律疏義又說：

『魏文侯師李悝集諸國刑典，造法經六篇：一、盜法；二、賊法；三、囚法；四、捕法；五、雜法；六、具法。』（卷一）

法經已佚。清黃奭輯有佚文六篇，不足爲據，見漢學堂叢書。孫星衍以爲「法經存唐律中，即漢藝文志之李子三十二篇，在法家者；後人援其書入律令，故隋以後志經籍諸家不載。」見嘉穀堂集李子法經序。法經的內容，今雖不能詳考；然此書在中國法制史上實居一個很重要的地位。制定新法，固在春秋時即已萌芽，如晉鑄刑鼎，鄭鑄刑書，不過這種刑書只能算是一種初步的草創。到了法經，一面集諸國刑典的大成，而制爲一個有系統的法典，又一面爲秦律的淵源，負有承先啓後的兩重功用。

李悝的第二個大貢獻，爲創行經濟政策。漢書食貨志說：

李悝爲魏文侯作盡地力之教，以爲：「地方百里，提封九萬頃，除山澤邑居參分去一，爲田六百萬畮：治田勤謹則畮益三升；不勤則損亦如之。地方百里之增減，輒爲粟百八十萬石矣。」又曰：「糴甚貴傷民，甚賤傷農。民傷則離散，農傷則國貧。故甚貴與甚賤，其傷一也。善爲國者，使民無傷而農益勸，……是故善平糴者，必謹觀歲有上中下熟。……大熟則上糴三而舍一，中熟則糴二，下熟則糴一，使民適足，賈平則止。小饑則發小熟之所斂，中饑則發中熟之所斂，大饑則發大熟之所斂而糴之。故雖遇饑饉水旱，糴不貴而民不散，取有餘以補不足也。」行之魏國，國以富強。

「盡地力」是增加生產的政策，「平糴」是調劑分配的政策。這兩種政策都屬於重農主義，在魏國既收了富強的功效，後來的法家也多遵行。

吳起，衛人，或謂魏左氏中人，曾子弟子，約生於西元前四四〇年，死於西元前三八一年，初仕魯爲將，以殺妻求將見疑於魯君，乃赴魏。文侯令他爲將，攻擊秦國，大著戰功。文侯又命他爲西河守，防禦秦韓，也甚得力。他在魯魏均以兵家著名。著有兵法，書已佚。他將兵的要訣，是：

『起之爲將，與士卒最下者同衣食，臥不設席，行不騎乘，親裹贏糧與士卒分勞苦。卒有病疽者，起爲吮之。……廉平，盡能得士心。』（史記孫子吳起列傳）

文侯死後，武侯繼位，雖仍命吳起爲西河守，但爲人所讒間，不安於位。乃又由魏赴楚，到楚後便爲相，實行法家的方法，如下：

『楚悼王素聞起賢，至則相楚，明法審令，捐不急之官，廢公族疏遠者，以撫養戰鬬之士，要在強兵。……』（同前）

『吳起教楚悼王以楚國之俗曰：「大臣太重，封君太衆。若此，則上逼主，而下虐民，此貧國弱兵之道也。不如使封君之子孫，三世而收爵祿，裁減百吏之祿秩，損不急之枝官，以奉選練之士。」悼王行之期年而薨矣。』（韓非子和氏）

『吳起謂荆王曰：「荆所有餘者地也，所不足者民也。今君王以所不足，益所有餘，臣不得

而爲也。於是令貴人往實廣虛之地，皆甚苦之。」』（呂覽貴卒篇）

由上三段話，可知當時楚國的情形，是「大臣太重，封君太衆，」地有餘而民不足。吳起爲政，首重明法審令，以一面「損不急之官，廢公族之疏遠者，」又一面「撫養戰鬪之士，」「令貴人往實廣虛之地。」換句話說，便是在消極方面抑制貴族，在積極方面擴充君權，以求達到富國強兵的目的。這種種方法都是於貴族不利，所以貴族怨起次骨。到悼王一死，宗室大臣便起而作亂，攻殺吳起，起伏於悼王尸側，也不得免，而死於亂箭之下了。不過吳起雖死，肅王卽位後，又將那般作亂的貴族殺了七十餘家，楚國貴族的權勢也從此大減。我們看了吳起在楚的設施，便可證明他是一個法家。卽他以前在魏的設施，也有近於法家的事項，如下：

『吳起爲魏武侯西河之守。秦有小亭臨境，吳起欲攻之。不去，則甚害田者；去之，則不足以徵甲兵。於是乃倚一車轅於北門之外，而令之曰：「有能徙此於南門之外者，賜之上田上宅。」人莫之徙也。及有徙之者，還賜之如令。俄又置一石赤菽於東門之外，而令之曰：「有能徙此於西門之外者，賜之如初。」人爭徙之。乃下令曰：「明日且攻亭，有能先登者，仕之國大夫，賜之上田上宅。」人爭趨之。於是攻亭，一朝而拔之。』（韓非子內儲說上）

這種徙車轅，徙赤菽的故事，便是後來商鞅在秦徙木立信一類故事的先河。法家所最注重的，爲信賞必罰。這類的故事，便是「信賞」的一種示範方法。

三　商鞅變法的大建樹

繼李悝吳起之後，在戰國時期澈底實行法家主張的爲商鞅。商鞅本爲衞人，與吳起同鄉，姓公孫，名鞅，後人以其原出於衞，稱爲衞鞅，又以其曾封於商，稱爲商鞅或商君。他的生年不詳，但據他的經歷推測，約與孟子生年同時，而在魏武侯初年。這個時候，正是李悝吳起在魏實施法家主張已見相當功效的時候。他雖是衞的庶孽公子，然以衞國小力弱，早已臣屬於魏，故魏在商鞅生時，已成他的第二祖國。他在李悝吳起等法家用事之後生長起來，自不免感受他們的影響，所以「少好刑名之學。」（見史記）近人錢穆考證商鞅與李悝吳起的關係說：

『商鞅，衞人，與吳起同邦土。其仕魏，事公叔痤，而痤又賢起。起之爲治，大仿李克。鞅入秦相秦孝公。考其行事，則李克吳起之遺教爲多。史稱鞅先說孝公以比德殷周，是鞅受儒業之明證也。其變法，令民什伍相收司連坐，此受之於李悝之網經也。立木南門，此吳起僨表之故智也。開阡陌封疆，此李克盡地力之教也。遷議令者邊城，此吳起令貴人實廣虛之地之意也。漢志神農二十篇，班注：「六國之諸子，疾時急於農事，道耕農事，託之神農。」師古曰：「劉向別錄云：疑李悝及商君所說。」今按重農政，則李悝吳起商君一也。劉氏獨不及吳起。重法律，亦李悝吳起商君一也。桓譚新論稱商君受李悝法經以相秦，亦不及吳起。漢志兵家有李子十篇，沈欽韓曰：「疑李悝。」又有公孫鞅二十七篇。荀子議兵篇：「秦之衞鞅，世俗所謂善用兵者也。」是重兵事，又李悝吳起商鞅三人所同也。後人視起僅爲一善用兵者，而獨不及李悝商鞅。蓋始誤於史記孫吳列傳，以起與孫武孫臏並列，不知兵家亦有李子公孫鞅。當時從政者，率主兵，乃時代使然，豈得均以兵家目之。鞅之爲政，宗室貴戚怨之，不獲其死，亦類吳起。人盡誇道鞅政，顧不知皆受之於李吳。人盡謂法家原於道德，不知實淵源於儒者。其守法奉公，即孔子正名復禮之精神，隨時勢而一轉移耳。道家乃從其後而加以誹議，豈得謂其同條貫者耶？』（先秦諸子繫年考辨七三商鞅考）

商鞅在秦的政治設施固未必如錢穆所說，「皆受之於李吳，」然「鞅少好刑名之學，」與李吳同在一國而稍後，自多少受了他們的一點影響，則是可斷言的。

商鞅初事魏相公叔痤，做掌公族的中庶子官，以「年雖少，有奇才，」很得痤的器重。會痤有病，舉鞅自代，惠王誤以痤的話爲病中囈語，不肯用鞅。及痤死後，鞅頗不得志，乃於秦孝公元年，即西元前三六一年由魏入秦。鞅入秦以前的戰國形勢，約略如下：

『秦孝公元年，河山以東，強國六，與齊威、楚宣、魏惠、燕悼、韓哀、趙成侯，並淮泗之間小國十餘。楚魏與秦接界。魏築長城，自鄭濱洛以北，有上郡。楚自漢中，南有巴黔中。周室微，諸侯力政，爭相併。秦僻在雍州，不與中國諸侯之會盟，夷翟遇之。』（史記秦本紀）

又商鞅入秦以前的秦國形勢，只看孝公的求賢令，便可知一個大概如下：

『昔我穆公，自岐雍之間，修德行武，東平晉亂，以河爲界；西覇戎翟，廣地千里。天子致伯，諸侯畢賀，爲後世開業，甚光美。會往者厲躁簡公出子之不寧，國家內憂，未遑外事，三晉攻奪我先君西河地，諸侯卑秦，醜莫大焉。獻公卽位，鎭撫邊境，徙治櫟陽，且欲東伐，復穆公之故地，修穆公之政令。寡人思念先君之意，常痛於心。賓客羣臣有能出奇計強秦者，吾且尊官，與之分土。』（史記秦本紀）

孝公要復興霸業，所以下令求奇計強秦。商鞅遂入秦，因景監以求見。初說孝公以「帝王之道」，不能用；繼說以「強國之術」，孝公乃大悅。所謂「強國之術」，便是法家之術。這種術對於舊制度是一種大改革，所以守舊派的甘龍杜摯，大爲反對。商鞅與他們在孝公前再三辯駁，以爲「治世不一道，便國不必法古」，終久獲得孝公的信從。於孝公三年，卽西元前三五九年，依他的強國之術，開始第一次大變法。其重要條目如下：

一、令民爲什伍，而相收司連坐。不告姦者，腰斬。告姦者，與斬敵首同賞。匿姦者，與降敵同罰。

二、民有二男以上不分異者，倍其賦。

三、僇力本業，耕織致粟帛多者，復其身；事末利及怠而貧者，舉以爲收孥。

四、有軍功者，各以率受上爵。爲私鬬者，各以輕重被刑大小。宗室非有軍功，論不得爲屬籍。明尊卑爵秩等級，各以差次。名田宅臣妾衣服以家次。有功者顯榮，無功者雖富無所芬華。（詳見史記商君列傳）

一二兩項是根本改革社會組織。三項是重農抑商。四項是抑制貴族與富豪，以實行強兵。孝公十二年又實行第二次大變法，要項如下：

一、令民父子兄弟同室內息者爲禁。

二、集小都鄉邑聚爲縣，置令丞，凡三十一縣。

三、爲田開阡陌封疆，而賦稅平。

四、平斗桶權衡丈尺。（同上）

一項是改革社會組織。二項是改革政治制度，卽大規模的實行郡縣制度。三項是廢井田，改稅法。四項是統一度量衡。

以上兩次大規模的變法，實是中國歷史上空前的大改革。這種大改革的趨向，雖導源於春秋，試行於戰國初期的魏楚，然均不及商鞅那樣有規模，能澈底。商鞅於未公布變法令之先，令民徙木立信。旣下令之後，秦民到國都說不便的很多，鞅將他們遷於邊城。太子犯法，也以「法之不行，自上犯之」的理由，處罰太子的師傅。他的變法包括政治、經濟、軍事以及社會各方面的根本改革，最不利於原有的貴族。因此貴族也就特別恨他。但行了十年，便有這樣的功效：

『行之十年，秦民大悅。道不拾遺，山無盜賊，家給人足，民勇於公戰，怯於私鬬，鄉邑大治。』（史記商君列傳）

鞅初爲左庶長，繼爲大良造，都是軍職。孝公十年鞅統兵攻魏安邑，降之。十二年，又經營新都咸陽，由雍遷之。十八年，使孝公得會諸侯於京師，復興穆公的霸業。自是秦國日益富強。二十年諸侯畢賀，又會諸侯於逢澤。二十二年鞅又統兵大敗魏，虜公子卬，取河西地，以軍功封爲列侯，號商君。二十四年孝公卒，惠王立，以變法而怨他的貴族們便誣告他造反，他逃去不得，卽爲秦殉法而被殺了。

鞅在秦經營二十年，雖個人不免慘死，然他的變法並未因他死而廢。他變法的結果，小而使從前諸侯視爲夷翟的秦國，變爲一等強國，與六國成對峙的局勢；大而爲中國的新政治，建立一個堅實的初基，使後來秦國得漸次統一六國，成爲大一統的帝國。歷史從此大變了，學術也從此大變了。至於商鞅的爲人，雖自司馬遷以來多譏其「少恩」，然劉向却有這樣一段的批評如下：

『秦孝公保崤函之固，以廣雍州之地，東幷河西，北收上郡，國富兵強，長雄諸侯，周室歸藉，四方來賀，爲戰國霸君，秦遂以強，六世而幷諸侯，亦皆商君之謀也。夫商君極身無二慮，盡公不顧私，使民內急耕織之業以富國；外重戰伐之賞以勸戎士。法令必行，內不私貴寵，外不偏疏遠。是以令行而禁止，法出而姦息，故雖書云：「無偏無黨」，詩云：「周道如砥，其直如矢」，司馬法之勵戎士，周后稷之勸農業，無以易此。此所以幷諸侯也。故孫卿曰：「四世有勝，非幸也，數也。」』（見史記商君列傳集解文引）

這是商鞅的精神和功績，也是法家的精神和功績。法家有了商鞅以後，旣在事實上樹立起法家的具體模範，又在思想上促進學術的變化，使法家的理論漸次卽於成熟。據漢志所著錄商鞅的遺書，有兵權謀家公孫鞅廿七篇，已佚；法家商君廿九篇，今殘存廿四篇。這殘存的商君書雖經後人的考證，不盡出於商鞅之手，然其內容確可做他變法的一種理論說明，也值得參考。

與商鞅事業最有關係的人，除孝公外，要推尸子。王應麟漢書藝文志考證說：

『劉向別錄：楚有尸子，疑謂其在蜀。今按尸子書，晉人也，名佼，秦相衛鞅客也。鞅謀事劃計，立法理民，未嘗不與佼規也。商君被刑，佼恐幷誅，乃逃入蜀。造二十篇書，凡六萬餘言。卒因葬蜀。』

漢志列尸子於雜家。班注：「名佼，魯人，秦相商鞅師之。鞅死，佼逃入蜀。」尸佼無論為何地人，也無論為商鞅之師或客，總是一個近於法家的人。不然的話，便不能夠為一個澈底的法家商鞅「謀事劃計」。劉向說：「尸子非先王之法，不循孔氏之術」，(見荀子敍錄) 也可做尸佼是個法家的旁證。尸子書今已佚，但有輯本，其中也有近於法家的說法。

四　與商鞅同時的申不害

與商鞅同時實行法家主張的，有申不害。史記說：

『申不害者，京人也，故鄭之賤臣，學術以干韓昭侯，昭侯用為相，內修政教，外應諸侯，十五年，終申子之身，國治兵強，無侵韓者。』(老莊申韓列傳)

韓在七雄中為最小，又與秦魏逼處，故申不害的憑藉實不及商鞅。申不害於韓昭侯八年始相，至二十二年卒於位，正當商鞅在秦用事的時候。商鞅在秦所着重的爲變法，而申不害在韓所着重的則爲用術。史記說：

『申子之學，本於黃老，而主刑名。』（老莊申韓列傳）

韓非子說：

韓昭侯謂申子曰：「法度甚不易行也」。申子曰：「法者見功而與賞，因能而受官。今君設法度，而聽左右之請，此所以難行也。」昭侯曰：「吾自今以來知行法矣，寡人奚聽矣？」』（外儲說左上）

戰國策說：

『申子請仕其從兄官，昭侯不許也，申子有怨色。昭侯曰：「非所學於子者也。聽子之謁，而廢子之道乎？又亡其行子之術，而廢子之謁乎？子嘗教寡人循功勞，視次第；今有所求此，我將奚聽乎？」申子乃辟舍請罪，曰：「君，眞其人也。」』（韓策一）

以上所謂「刑名」，「見功而與賞，因能而受官」，與「循功勞，視次第」，都是指的一種形名術，卽綜核名實之術。這種術爲行法所必須採用者。

申子說：

『上明見，人備之；其不明見，人惑之。其知見，人飾之；其不知見，人匿之。其無欲見，人伺之；其有欲見，人餌之。故曰：「吾無從知之，惟無爲可以規之。」』（韓非子外儲說右上）

以無爲規臣下，這是一種無爲術。法家對於君道本主無爲。然昭侯應用無爲術便成爲一種使臣下不可測的秘術，可以查禁黃犢的故事爲證。韓非子說：

『韓昭侯使騎於縣，歸問何見？曰：南門外有黃犢食苗道左。昭侯謂使者，毋敢洩。乃下令曰：「當苗時，禁牛馬入人田中。固有令，而吏不以爲事，牛馬多入人田中，亟舉其數上之。不得，將重其罪。三鄉舉而上之，昭侯曰：「未盡」。乃復得南門外黃犢。吏以昭侯爲明察，皆悚懼其所，不敢爲非。』（節錄內儲說上）

此外申子還有一種進言術，例如：

『趙令人因申子於韓請兵，將以攻魏，申子欲言之君，而恐君之疑己外市也，不則恐惡於趙，乃令趙紹、韓沓嘗試君之動貌而後言之，內則知昭侯之意，外則有得趙之功。』（韓非子內儲說上）

用術本爲法家的一個重要主張，但申子過於重術，而忽略其他。故韓非子批評申子「徒術而無法」說：

「申不害，韓昭侯之佐也。韓者，晉之別國也。晉之故法未息，而韓之新法又生。先君之令未收，而後君之令又下。申不害不擅其法，不一其憲令，則姦多。故利在故法前令則道之，利在新法後令則道之。新故相反，前後相悖，則申不害雖十使昭侯用術，而姦臣猶有所譎其辭矣。故託萬乘之勁韓，十七年而不至於霸王者，雖用術於上，法不勤飾於官之患也。」（定法）

史稱申不害「著書二篇，號曰申子」，已佚；但有輯本，考證另詳。

五　齊稷下先生與愼到

田齊自桓公、威王、宣王以至王建，均有「稷下先生」講學之風。（參閱錢穆先秦諸子繫年考辯，七十五稷下通考）什麽是稷下先生？劉向別錄說：

『齊有稷門，城門也。談說之士，期會於稷下也。』（見史記田齊世家集解引文）

稷下先生，便是會於稷下的「談說之士」。他們在齊宣王時的情況如下：

『宣王喜文學游說之士，自如騶衍、淳于髡、田駢、接子、愼到、環淵之徒七十六人，皆賜列第爲上大夫，不治而議論。是以齊稷下學士復盛，且數百千人。』（史記田齊世家）

由此可知稷下先生是一種官養的學士。這種制度，在政府方面是欲藉此博得招賢納士的名譽，在學士方面是欲藉此立說著書，以干世主。稷下的學風，大半出入於名法道德之間。戰國時代先後游稷下的學者，除上所說騶衍等人外，尚有彭蒙、宋鈃、尹文、王斗、荀卿、鄒奭、田巴、魯仲連等人。其中以愼到、尹文兩人與法家最有關係。

愼到，趙人，游齊稷下。與田駢齊名，於湣王時去齊，生卒不詳，乃申商以後的一個理論法家。史記說他「學黃老道德之術，」因發明序其指意，著十二論。十二論到漢代又爲愼子四十二篇，已佚，今僅存輯本五篇，考證另詳。他的思想，有屬於道家的，例如：

『公而不當，易而無私，決然無主，趣物而不兩。不顧於慮，不謀於知，於物無擇，與之俱往。……齊萬物以爲首。……無建己之患，無用知之累。動靜不離於理，是以終身無譽。故曰：至於若無知之物而已，無用聖賢，夫塊不失道。』（莊子天下篇）

又有屬於法家的思想，例如：

『尙法而無法，下脩而好作，上則取聽於上，下則取從於俗，終日言成文典，反紃察之，則倜然無所歸宿，不可以經國定分，……是愼到、田駢也。』（荀子非十二子篇）

『愼子蔽於法而不知賢。』（荀子解蔽篇）

以上兩段雖是道家和儒家批評愼子的話，也可見他有法家的思想。他的思想旣兼有道家和法家兩部分，所以他的法家理論，也是融合道法兩種思想的。他用道家之說，做法家的哲理說明。在這點上，他比較申子更爲進步。他之所以異於申商，而在法家思想中又與申商鼎足而立的所在，在他的尙勢說，尙勢說便是一種主權論。商鞅在法的方面特別發揮，申不害在術的方面特別發揮，而愼到則在勢的方面特別發揮。在政治思想上，勢的特別提出，其重要實不下於「法」和「術」兩種觀念的特別提出。他說：

『賢人而詘於不肖者，則權輕位卑也；不肖而能服賢者，則權重位尊也。堯爲匹夫，不能治三人；而桀爲天子，能亂天下。吾以此知勢位之足恃，而賢智之不足慕也。夫弩弱而矢高者，激於風也；身不肖而令行者，得助於衆也。堯敎於隸屬，而民不聽；至於南面而王天下，令則行，禁則止。由此觀之，賢智未足以服衆，而勢位足以詘賢者也。』（韓非子難勢，又見愼子）尹文，齊人，亦一稷下先生，生卒不詳，大約較愼到稍後。他的思想，如「聖人寡爲而天下理」，（見說苑）近於道家；如「見侮不辱，救民之鬪；禁攻寢兵，救世之戰，」（見莊子天下篇）近於墨家；如尹文子書近於名家；如「賞罰之爲道利器也，君固握之，不可以示人，」（見韓非子內儲說上）近於法家。漢志列有尹文子二篇，已佚，今本尹文子乃後人所輯，考證另詳。

六　集法家理論大成的韓非

荀卿雖爲戰國末期儒家大師，然曾游稷下，三爲祭酒，自不免受稷下學風的影響，所以他的學說，多少雜有法家的意味。不過他對於法家的關係，不在理論的貢獻，而在有兩個大弟子——韓非集法家理論的大成，李斯集法家事業的大成。在韓非之前，法家的理論書，已有商君書、管子、愼子、十二論、申子二篇等，而且極爲流行，所以他曾說「藏商管之法者家有之」。又有本言一書，亦爲法家言，作者不詳，早已佚失，但韓非曾經引說，見韓非子詭使篇。他將這些書綜合起來，並廣徵博采，而成一部有系統的韓非子。於是法家理論，遂完全達於成熟的境地。在李斯以前，法家的事業已有李悝、吳起、申不害、商鞅諸人在魏、楚、韓、秦等國的建樹。李斯卽憑藉商鞅所建設的新秦國，繼續施行法家的主張，以統一六國，並新建與以前絕不相同的大一統帝國。於是法家事業，也完全達於成熟的境地。韓非的事略，據史記所載如下：

『韓非者，韓之諸公子也，喜刑名法術之學，而其歸本於黃老。非爲人口吃，不能道說，而善著書。與李斯俱事荀卿，斯自以爲不如非。非見韓之削弱，數以書諫韓王，韓王不能用。於是韓非疾治國不務修明其法制，執勢以御其臣下，富國強兵，而以求人任賢，反舉浮淫之蠹，而加之於功實之上。以爲儒者用文亂法，而俠者以武犯禁。寬則寵名譽之人，急則用介冑之士。今者所養非所用，所用非所養。悲廉直不容於邪枉之臣，觀往者得失之變，故作孤憤，五蠹，內外儲，說林，說難十餘萬言。……人或傳其書至秦，秦王見孤憤五蠹之書，曰：「嗟乎！寡人得見此人與之游，死不恨矣。」李斯曰：「此韓非之所著書也」。秦因急攻韓。韓王始不用非，及急，迺遣非使秦，秦王悅之，未信用。李斯姚賈害之，毀之曰：「韓非，韓之諸公子也。今王欲幷諸侯，非終爲韓，不爲秦，此人之情也。今王不用，久留而歸之，此自遺患也，不如以過法誅之。」秦王以爲然，下吏治非。李斯使人遺非藥，使自殺。韓非欲自陳，不得見。秦王後悔之，使人赦之，非已死矣。』（老莊申韓列傳）

由上看來，韓非的事跡，不外兩大種：一爲著書，卽韓非子。此書集法家理論的大成，主旨在發揮法術勢三種統治方法，以推翻封建政治，建立君主政治；而文字又能「引繩墨，切事情，明是非。」故此書不僅爲一種政治學寶典，而且爲一種文學寶典。關於此書的內容及考證，另詳下編各章。二爲使秦，以「非終爲韓不爲秦」而死，可見他的愛國。他的生年不詳，死於秦始皇十四年，卽韓爲秦所滅的前四年。「人之云亡，邦國殄瘁」，韓非正是如此。

七　集法家事業大成的李斯

李斯，楚上蔡人，少時爲郡小吏，繼從荀卿學帝王之術。學已成，度楚王不足事，而六國皆弱無可爲建功者，乃西入秦。會莊襄王卒，乃爲秦相呂不韋舍人。不韋以其賢，任爲郎。因進說秦王急滅諸侯，成帝業，爲天下一統，又得拜爲長史。復勸秦王陰遣謀士齎金玉以游說諸侯，諸侯名士可下以財者，厚遺結之，不肯者利劍刺之。離其君臣之計，而以良將隨其後。始皇十年大索逐客，李斯亦在逐中，因上書得止逐客令，幷復李斯官。此後李斯漸用事，官至廷尉。用其計謀，二十餘年，竟幷天下，尊王爲皇帝，以斯爲丞相。始皇前後巡狩國中，斯常與俱，並爲定計。三十七年，始皇出游，崩於沙丘。以符璽令宦官趙高欲擁胡亥爲太子，李斯初持不可，繼以不得已從之。二世立後，以趙高專擅，誣斯欲反，下之獄，於二世二年夷三族而死。李斯在獄中曾上書二世說：

『臣爲丞相治民三十餘年矣。逮秦地之狹隘，先王之時，秦地不過千里，兵數十萬。臣盡薄材，謹奉法令，陰行謀臣，資之金玉，使游說諸侯。陰修甲兵，飾政教，官鬪士，尊功臣，盛其爵祿，故終以脅韓，弱魏，破燕趙，夷齊楚，卒兼六國虜其王，立秦爲天子。罪一矣。地非不廣，又北逐胡貉，南定百越，以見秦之彊。罪二矣。尊大臣，盛其爵位，以固其親。罪三矣。立社稷，修宗廟，以明主之賢。罪四矣。更尅劃平斗斛度量文章，布之天下，以樹秦之名。罪五矣。治馳道，興游觀，以見主之得意。罪六矣。緩刑罰，薄稅斂，以遂主得衆之心，萬民戴主，死而不

忘。罪七矣。若斯之爲臣者，罪足以死固久矣。上幸盡其能力，乃得至今。願陛下察之』。（史記李斯列傳）

以上七種罪狀，除第七種與事實不符外，其餘六種可說是李斯自供的功狀。其中以一、二、四、五、爲最關重要。兼幷六國，所以開中國大一統的新局勢。「北逐胡貉，南定百越」，是使中國疆土更爲擴大。「劃平斗斛度量」，是使度量衡制度歸於統一，以便交易。創制小篆，統一文字，是使公文便於傳佈，思想易於流通。「治馳道，興游觀」是使交通方便，中央易於控制地方。這都是李斯在中國歷史上不可磨滅的功績。自然這些功績，不完全是屬於他一個人的，但他却是都有分的。原來秦國自商鞅變法以來，卽多依他的成規繼續進行。到了始皇，更相信法家，李斯因得進而用事。始皇二十六年李斯等議「帝號」說：

『昔者五帝地方千里，其外侯服夷服，諸侯或朝或否，天子不能制。今陛下興義兵，誅殘賊，平定天下，海內爲郡縣，法令由一統，自上古以來未嘗有，五帝所不及。』（史記秦始皇本紀）

的確，「海內爲郡縣，法令由一統」，是個曠古所未有的新局勢。這個新局勢由商鞅孝公開基，到李斯與始皇等完成。這個新局勢的象徵，是所謂「水德」。史記說：

『始皇推終始五德之傳，以爲周得火德，秦代周德，從所不勝，方今水德之始。……剛毅戾深，事皆決於法，刻削毋仁恩和義，然後合五德之數，於是急法，久者不赦。』（秦始皇本紀）

李斯與建立這個新局勢最有關係的事項，尙有兩種：一爲確定郡縣制度，二爲焚書坑儒。郡縣制度原來萌芽春秋，商鞅在秦變法，遂成一種制度，到始皇時仍繼續採用。不過還有人主張恢復封建，例如丞相王綰說：

『諸侯初破，燕齊荆地遠，不爲置王，毋以塡之，請立諸子，惟上幸許。』(秦始皇本紀二十六年)

李斯駁道：

『周文武所封子弟同姓甚衆，然後屬疏遠，相攻擊如仇讎，諸侯更相誅伐，周天子弗能禁止。今海內賴陛下神靈一統，皆爲郡縣。諸子功臣以公賦稅重賞賜之，甚足易制，天下無異意，則安寧之術也。置諸侯不便。』(秦始皇本紀)

始皇從之，「分天下以爲三十六郡，郡置守尉監。」自此郡縣制度確定，封建制度不能再恢復了。這件事與秦以後的歷史至有關係。始皇三十四年博士淳于越又請復封建說：

『臣聞殷周之王千餘歲，封子弟功臣自爲枝輔。今陛下有海內，而子弟爲匹夫，卒有田常六卿之臣，無輔拂何以相救哉？事不師古而能長久者，非所聞也。(秦始皇本紀)

李斯又駁道；

『五帝不相復，三代不相襲，各以治，非其相反，時變異也。今陛下創大業，建萬世之功，固非愚儒所知。且越言乃三代之事，何足法也？異時諸侯並爭，厚招游學。今天下已定，法令出一，百姓當家則力農工，士則學習法令辟禁。今諸生不師今而學古，以非當世，惑亂黔首。古者天下散亂，莫之能一，是以諸侯並作；語皆道古以害今，飾虛言以亂實，人善其所私學，以非上之所建立。今皇帝並有天下，別黑白而定一尊。私學而相與非法教。人聞令下，則各以其學議之。入則心非，出則巷議，夸主以爲名，異取以爲高，率羣下以造謗。如此弗禁，則主勢降乎上，黨與成乎下。禁之便。臣請史官非秦紀皆燒之，非博士官所職，天下敢有藏詩書百家語者，悉詣守尉雜燒之，有敢偶語詩書棄市，以古非今者族，吏見知不舉者與同罪，令下三十日不燒，黥爲城旦；所不去者，醫藥卜筮種樹之書。若欲有學法令，以吏爲師。』（秦始皇本紀）

這種師今不師古，禁私學，抑游士，以法爲教，以吏爲師的主張，可以說就是韓非子五蠹篇的一種具體說法。始皇依議實行，於是發生所謂焚書坑儒的事件。這在法家的主張上，就是要做到思想統一的地步，而在當時的形勢上，不如此也不能安定國家。況且所焚的書，只限於「非博士所職」，並非公私全焚。所坑的儒，也不是眞儒，只是那般「文學方術士」如韓衆徐市之流而已。後世儒家以此罪始皇，幷罪李斯，爲什麼董仲舒請漢武帝「罷黜百家，獨尊孔氏」，與所謂焚書坑儒本出於統一思想的一個大理由，又値稱讚許呢？

反對封建，確定郡縣，是制度方面實行法家的主張；以法爲教，以吏爲師，是在思想方面實行法家的主張，所以李斯是在事業上集了法家的大成。如果始皇不早死，或始皇雖死，而李斯不受困於趙高，致晚年有阿順苟合之嫌，並不得善終，則眞將如司馬遷所說：「不然，斯之功，且與周召列矣。」

第五章　法家的演變

一　漢後法家演變的大勢及其原因

法家在戰國時代既已達於極盛的境地，故自漢代秦以後，漸次演變，歸於伏流，不及戰國時代那樣有光采。清人沈家本說：

『按法家者流，出於理官。自李悝著法經，其後則有商鞅、申不害、處子、愼到、韓非、游棣子諸人，並有著作，列在漢志法家，是戰國之時，此學最盛。迨李斯相秦，議請史官非秦記皆燒之；非博士官所職，天下敢有藏詩書百家語者，悉詣守尉雜燒之；若欲有學法令，以吏爲師。自是法令之書藏於官府，天下之士阨於見聞。斯時朝廷之上，方以法爲尙，四海之內必有不屑以吏爲師者，以此學亦遂衰。漢興雖弛秦禁，而積習已久，未能遂改，外郡之學律令者必詣京師，又必於丞相府。……宋承唐律，通法學者，代有其人。蓋自魏置律博士一官，下及唐宋，或隸國學，或隸大理，雖員額多寡不同，而國家既設此一途，士之講求法律者，亦視爲當學之務，傳授不絕於世。迨元廢此官，而法學自此衰矣。明設講讀律令之律，研究法學之書，世所知者約數十家，或傳或不傳，蓋無人重視之故也。清朝講究此學爲世所推重者，不過數人，國無專科，羣相鄙棄。紀文達編纂四庫全書政書類法令之屬，僅收二部，存目僅收五部。其按語謂「刑爲盛世所不能廢，而亦爲盛世所不尙，所錄略存梗概，不求備也。」夫四庫目錄乃奉命撰述之書，天下趨向之所屬，今創此論於上，下之人從風而靡，此法學之所以日衰也。』（寄簃文存卷三法學盛衰說）

從沈氏這篇法學盛衰說，可以略知自西漢至清末法家演變的一斑。法家在漢以後爲甚麼如此演變呢？梁啓超曾說明有三種原因如下：

『夫以法治主義之適於國家的治術，旣已若此，宜其一度發生以後，則繼長增高，有進無已。乃其占勢力於政界者，不過數十年，不移時而遂歸澌滅者，何也？吾推求其原因，有三端焉：秦漢以還，驟開布衣帝王，布衣卿相之局，所謂貴族階級者，消滅殆無復痕跡，而天下一家，又非復列國並立，弱肉強食之舊。於是所謂時代之要求者，就消極積極兩方面觀之，其需要法治之亟，已不如其前。故戰國時勾出萌達之國家觀念，漸成秋扇，而固有之社會觀念復起而代之。夫法治主義與國家觀念，密切而不可離者也。國家觀念衰，則法治主義隨之。此其衰滅之原因，一也。我國人最富於保守性，而儒家學說適與之相應，法家學說適與之相鑿。儒家旣緣舊社會之習慣而加以損益，有以合於一般之心理，而派中復多好學深思之士，能繼續其學以發揮光大之。法家旣以後起，其劇烈之改革，逆乎人心，而派中實行家多，理論家少，秦漢以還，無復有能衍其學說以與舊派對抗者。此其衰滅之原因，二也。法律原與道德相互爲用。蓋社會之制裁力，與國家之強制力，是一非二。故近世法治國之法律，莫不採人道主義，雖謂法律爲道德之補助品焉可也。然則謂有法律而可以無道德焉，其不當也明甚。謂有法律而不許復有道德焉，其不當也明甚。而法家一部分之說，輒走於極端，認道德之性質與法律之性質爲不相容，以排斥道德爲一種戰術。……以今世之法治國，有完全之國家根本法者，而徒法猶且不可。況乎戰國時代所謂法治，其機關之整備，其權限之嚴明，遠不如今時，而乃先取道德而擠排之，雖足以救一時，而其道之不可久，有斷然矣。此其衰滅之原因，三也。』（飲冰室文集中國法理學發達史論）

梁氏所說三種原因，可說是漢後法家演變的原因，却不能以法家有了演變，便說他已經衰滅。因爲漢後法家雖不及戰國之盛，然法家却仍舊用事，並未衰而至滅了。漢後法家所以不及戰國之盛的原因，誠如梁氏所說，然而尚有未盡。依我看來，還有幾種重要原因，應該加以說明。

第一、法家關於制度的基本主張，例如君主制度、郡縣制度及土地私有制度，在漢以後沒有根本變化，因此便無產生新理論的必要，換句話說，就是法家原有的理論，已在實際制度上支配了政治，無再多多發揮的必要。在戰國時，這種種新制度尚在建立的過程中，各家爭鳴，而法家得到最後的勝利，因而顯出法家的特別活躍。到漢以後，這種種新制度業已確立，並且除土地問題外，都已經得到一般的承認，便用不着像戰國時那樣劇烈的爭辯了。這是法家演變的一個原因。

第二、法家所主張治國的唯一標準，卽法或刑，在漢以後也已成爲一種國家制度，同時並獲得各家的相當承認。法家與道家在戰國末期本已有了合流的傾向。自漢以後，此種傾向更加顯明。漢初一面崇尚黃老，一面仍用法家，這是道家在事實上承認了法家。至在理論上，道家也承認了法家，可以淮南子爲證，淮南子的主旨本在道家，然於治術則全採法家言。例如：

『言事者必究於法，而爲行者必治於官。上操其名以責其實，臣守其業以效其功。言不得過其實，行不得踰其法。』（主術訓）

『法者，天下之度量，而人主之準繩也。……法定之後，中程者賞，缺繩者誅；尊貴者不輕其罰，而卑賤者不重其刑；犯法者雖賢必誅，中度者雖不肖必無罪：是故公道通而私道塞矣。古之置有司也，所以禁民使不得自恣也；其立君也，所以剬有司使無專行也；法籍禮義者，所以禁君使無擅斷也。人莫得自恣則道勝，道勝而理達矣。故反於無爲。』（同上）

這是以法家的骨子，加上道家的面子。在漢代固是如此，即在道家最盛的魏晉時代，也有重法或刑的，例如葛洪。他說：

『世人薄申韓之實事，嘉老莊之誕談，然而爲政，莫能措刑。殺人者原其死，傷人者赦其罪，所謂土拌瓦胾，無救朝饑者也。』（抱樸子用刑篇）

道家之中既有兼採法家言的，於是有時名爲道家用事，而實則法家仍舊相當的用事，不過未顯出純粹法家的面孔。這是法家演變的一個方面。

法家與儒家自荀卿起也有合流的傾向。荀卿以儒家而雜有法家言，同時又爲法家韓非李斯之所師承，開了儒法合流的先河，已述於前，可不再贅。漢武尊孔以後，儒家固然當權，然也兼採法家言，以充實儒家的理論，這可舉兩事爲證：儒家所謂「禮」，本與法家所謂「法」，是對立的。然自漢儒以後，却相當承認法爲禮之輔，或刑爲德之輔。其主旨雖重在禮，然亦不主張廢法。所以常常「禮刑」，「禮法」，「禮律」並舉。這是儒家由絕對否認法而變成相對承認法，或者由對立的禮刑而變爲相輔的禮刑，可作儒家兼採法家言的一個證明。原來儒家對於君主的觀念重在名分，而法家則重在權力，所以儒家要正名，而法家則要集勢，秦國便是在君主集勢的前提之下建立起來的。因此漢以後的儒家不但主張正名，而且主張集勢，甚至可以說有由正名論轉成集勢論的傾向，在這點上與法家的意見極相近。賈誼以儒家兼學刑名，並主張衆建諸侯以強榦弱枝，即爲一種集勢論。首先請求罷黜百家，獨尊孔氏的董仲舒，在他的春秋繁露上有「一統乎天子」的大一統論，也爲一種集勢論。這種集勢論表現於他所提倡的公羊春秋，便有如下的條目：

一、文曷爲不與？諸侯之義，不得專封也。（僖公元年）

二、曷爲爲恭？有天子存，則諸侯不得專地也。（桓公元年）

三、文曷爲不與？諸侯之義，不得專討也。（宣公十一年）

諸侯不得專封、專地、專討，這是限制諸侯，集權君主。至對於大夫亦各限制如下：

一、大夫之義不得世。（昭公三十一年）

二、曷爲貶？不與大夫專執也。（定公元年）

三、文曷爲不與？大夫之義，不得專廢置君也。（文公十四年）

這樣解釋春秋，是一面受了時勢的影響，又一面參入了法家的理論而然。這又可作儒家酌採法家說法的一種證明。由以上兩種證明看來，可知漢後儒家多陽儒陰法的由來。這是法家演變的又一方面。

法家的理論，既有的演變爲道家的成分，又有的演變爲儒家的成分，於是法家的光采，遂不十分顯著了。

第三、漢後政制既多沿用秦制，因而法家的本身也不得不有所演變，卽先秦法家的問題重在立法，漢後法家的問題重在行法，漢後法家並未衰滅，不過多由立法的法家演變爲行法的法家，如律家、刑吏及刑幕等均是，章太炎說：

『著書定律爲法家，聽事任職爲法吏。法吏多文俗，世因以非申韓則過。差次法吏，則桓範世要論最詳。其言曰：「夫商鞅申韓之徒，其能也，貴尚譎詐，務行苛克，廢禮義之教，任刑名之數，不師古始，敗俗傷化，此伊尹周召之罪人也。然其尊君卑臣，富國強兵，守法持術有可取焉。逮至漢興，有甯成郅都之輩，放商韓之法，專以殺伐殘暴爲能，順人主之意，希旨而行，要時趨利，敢行禍敗，此又商韓之罪人也。然其抑豪強，撫孤弱，清己禁姦，背私立公，尙有可取焉。晚世之所謂能者，乃犯公家之法，赴私門之勢，廢百姓之務，趣人間之事，決煩理務，臨時苟辦，但使官無譴負之纍，不省下民吁嗟之寃，復是申韓甯郅之罪人也。』(章氏叢書檢論原法)由此可見法家的本身演變之一斑，法吏以至刑幕雖非法家的正宗，也是法家的支流。從前以其有流弊，遂屏於法家之外，這也是漢後法家不甚顯著的一個原因。

以上業將漢後法家所以演變至於不甚顯著而非衰滅的重要原因，略爲說明。我們可進而談談由西漢至清末的重要法家究竟有那些人。專門治律的律家或刑吏：如西漢的張叔、張湯、杜周、杜延年、于定國、路溫舒、鄭弘；如東漢的郁躬、陳寵；在此不必多敍。號稱儒家而好談「經濟」，雜有法家言的：如漢的王符、荀悅；如魏的杜恕、桓範；如宋的葉適、陳傅良；如清的包世臣；在此也不必多敍。至於對於法律的某個問題，具有片段的意見，而切近法家言的人，自漢以後更舉不勝舉，在此也不必多敍。我們在此必須特別敍述的法家，有漢的鼂錯，蜀的諸葛亮，後秦的王猛，宋的王安石，和明的張居正五人而已。自然自漢至清這個長時期中的法家不只他們五個人，不過因爲他們五人比較貢獻大，配得上稱爲政治的或立法的法家，而不僅僅是個講究「刑名」的法家，所以要特別提出一敍述。

二　漢代法家鼂錯

『鼂錯，潁川人，學申商刑名於軹張恢生所，與雒陽宋孟及劉帶同師。以文學爲太常掌故。錯爲人陗直深刻。孝文時從伏生受尚書還，因上書稱說，詔爲太子舍人門大夫，遷博士。又上書言人主須知術數，並以教太子，因得拜太子家令。以其辯得幸太子，太子家號曰「智囊」。是時匈奴彊，數寇邊，上發兵以禦之。錯因上言兵事，主選將練兵，又言守邊備塞，勸農力本爲當世急務。以爲「欲民務農，在於貴粟。貴粟之道，在於使民以粟爲賞罰。今募天下入粟縣官，得以拜爵，得以除罪，如此富人有爵，農人有錢，粟有所渫云。」孝文帝十五年詔舉賢良文學士，錯對策得高第，因遷中大夫。錯又言宜削諸侯，及法令可更定者，書凡三十篇。孝文雖不盡聽，然奇其材。當是時，太子善錯計策，爰盎諸大功臣多不好錯。景帝卽位，以錯爲內史，錯請閒言事，輒聽幸，傾九卿，法令多所更定。遷御史大夫，請諸侯之罪過，削其支郡。奏上，上公卿列侯宗室莫敢難，獨竇嬰爭之，由此與錯有隙。錯所更令三十章，諸侯讙譁。吳楚七國俱反，以誅錯爲名，爰盎因言獨有斬錯，則兵可無血刃而俱罷。景帝遂從其言，斬之。旣而謁者僕射鄧公爲校尉，擊吳楚爲將還，言「吳爲反數十歲矣。發怒削地，以誅錯爲名，其意不在錯也。錯患諸侯強大不可制，故請削之，以尊京師，萬世之利也。計劃始行，卒受大戮，內杜忠臣之口，外爲諸侯報仇，竊爲陛下不取也。」於是景帝又答以「公言善，吾亦恨之。」」（節錄漢書鼂錯傳）

鼂錯的事略，大約如上。他的師承，他的性格以及他的主張在尊尙術數，重兵勸農，更定法令，削弱諸侯，都是一個法家。他雖以更定法令削弱諸侯的主張遭了慘死，但是這種主張後來也實現了。他生在文景的時候，政治上旣有兼用法家的傾向，同時學術上也尙未成儒家獨尊的局面，所以還能表現法家的采色來。漢志法家類列有鼂錯三十一篇，已佚。馬國翰玉函山房輯佚書有鼂錯新書五篇，是由漢書中輯錄的。班固批評鼂錯說：「銳於爲國遠慮而不見身害」這是鼂錯的精神，也是法家的精神。

三　三國的法家與諸葛亮的建樹

自漢武尊孔以後，儒家的空氣漸次籠罩了學術界，於是像鼂錯那樣帶有政治意味的法家漸減少，而演變爲治律或司法的法家，不甚爲人所重視。但到了三國時代，政治旣又成列國紛爭的形勢，法家因而復起。在理論上有所論列的，如劉劭的法論十卷；和律略論五卷，劉廙的政論五卷，阮武的阮子正論五卷，桓範的世要論十二卷、陳融的陳子要言十四卷，頗極一時之盛。可惜這些法家書不是已全部佚失，就是只有輯錄的殘本，無從加以詳細研究。在實際上有所建樹的如曹操治魏，雜用法術，設律博士，近於法家，可不多論；如諸葛亮治蜀，則純然現出一個模範的法家來，我們須加以特敍。

諸葛亮，字孔明，生於瑯琊，居於隆中，一生事業，約略如下：

『亮少有逸羣之才，英霸之氣，身長八尺，容貌甚偉，時人異焉。遭漢末擾亂，隨叔父玄避難荆州，躬耕於野，不求聞達。時劉備以亮有殊量，乃三顧亮於草廬之中。亮深謂備雄資傑出，遂解帶寫誠，厚相結納。乃曹操南征荆州，劉琮舉州委質，而備失勢衆寡，無立錐之地。亮時年方二十七，乃建奇策，身使孫權，求援吳會。權旣宿服仰備，又睹亮奇雅，甚敬重之，卽遣兵三萬人，以助備。備得用與曹操戰，大破其軍，乘戰克捷，江南悉平。後備又取益州。益州旣定，以亮爲軍師將軍。備稱尊號，拜亮爲丞相，錄尙書事。及備殂沒，嗣子幼弱，事無巨細，亮皆專之。於是外聯東吳，內平南越，立法施度，整理戎旅，工械技巧，物究其極，科敎嚴明，賞罰必信，無惡不懲，無善不顯，至於吏不容奸，人懷自厲，道不拾遺，強不侵弱，風化肅然也。當此之時，亮之素志，進欲龍驤虎視，苞括四海，退欲跨陵邊疆，震蕩宇內。……是以用兵不戢，屢耀其武。然亮才於治戎爲長，奇謀爲短，理民之幹，優於將略。而所與對敵或值人傑，加衆寡不侔，攻守異體。故雖連年動衆，未能有克。……青龍二年春，亮帥師出武功，分兵屯田，爲久住之基。其年病卒，庶黎追思，以爲口實。至今梁益之民咨述亮者，言猶在耳，雖甘棠之詠召公，鄭人之歌子產，無以遠譬也。』（蜀志諸葛亮傳）

諸葛亮一生事業的要領，在建蜀、討魏、整軍、治民。而其所用以建蜀討魏，整軍治民的根本精神，則全屬於法家。這可從多方面加以證明如下：

第一、亮躬耕南陽時，每自比於管仲樂毅。管仲是個法家的先驅，可見他的志願在一個法家。

第二、亮治蜀的根本方法，即是一個法家。法正諫他說：

『昔高祖入關，約法三章，秦民知德。今君假借威力，跨據一州，初有其國，未垂惠撫；且客主之義，宜先降下。願緩刑弛禁，以慰其望。』（諸葛武侯文集）

他答復法正說：

『秦以無道，政苛民怨，匹夫大呼，天地土崩，高祖矯之以寬，故弘濟。今劉璋闇弱，自其父焉以來，文法羈縻，互相承奉，德政不舉，威令不行。蜀土人士，專權自恣，君臣之道，漸以陵退，寵之以位，位極則人不知尊；順之以恩，恩竭則人不知感。所以致弊之由，實緣於此。吾今威之以法，法行則知恩；限之以爵，爵加則知榮。榮恩並濟，上下有節，爲治之要，於斯著矣。』（同上）

「威之以法，限之以爵，」即是法家「爲治之要」。他之所以能定蜀而成三分天下之局的主要原因，就在這種「爲治之要」。

第三、亮曾習法家書，並教後主讀法家書，可見他於學術是服膺法家的。這可以他的「爲先帝與後帝遺詔」爲證如下：

『閑暇歷觀諸子及六韜諸書，益人意志。聞丞相爲寫申、韓、管子、六韜一通已畢，未送道亡，可自更求聞達。』（同上）

丞相卽指亮。他爲後主寫申、韓、管子、六韜，可見他爲學之本了。

第四、馬謖本是亮最信愛的一個將領，然因違節度致戰敗失地，卽揮淚斬之，不稍寬假，這便是法家所謂「法行所愛」的一種表現。他論斬馬謖說：

『孫吳所以能制勝於天下者，用法明也。是以揚干亂法，魏絳戮其僕。今四海分裂，兵交方始，若復廢法，何用討賊耶？』（見諸葛武侯文集）

第五、陳壽所輯諸葛氏集目錄本有綜核上第七，綜核下第八，法檢上第十八，法檢下第十九等項，今雖已佚，然僅就目錄的字樣而論，也可推知其內容是一種法家的說法。亮作事最講綜核，亦可證明他是得力於法家。

由上五項卽可證明諸葛亮澈始澈終是個法家。陳壽著三國志時，去諸葛亮死時尚不甚久。他對於諸葛亮的批評，也完全稱誦諸葛亮的一種法家精神，如下：

『諸葛亮之爲相國也，撫百姓，示儀範，約官職，從權制，開誠心，布公道。盡忠益時者，雖讎必賞；犯法怠慢者，雖親必罰。服罪輸情者，雖重必釋；游辭巧飾者，雖輕必戮。善無微而不賞，惡無纖而不貶。庶事精練，物理其本，循名責實，虛僞不齒。終於邦域之內，咸畏而愛之。刑政雖峻，而無怨者，以其用心平而勸戒明也。可謂識治之良才，管蕭之亞匹矣。』（蜀志諸葛亮傳）

以上是從他治事方面，證明他是一個法家。我們再從他自處方面看，也可證明他是一個法家。純正的法家，在自處上多肯賣氣力，不營私利。他於這兩點，可說完全做到了。他的前出師表說：

『臣本布衣，躬耕於南陽，苟全性命於亂世，不求聞達於諸侯。先帝不以臣卑鄙，猥自枉屈，三顧臣於草廬之中，咨臣以當世之事。由是感激，遂許先帝以驅馳。後値傾覆，受任於敗軍之際，奉命於危難之間，爾來二十有一年矣。先帝知臣謹愼，故臨崩寄臣以大事也。受命以來，夙夜憂懼，常恐託付不效，以傷先帝之明。故五月渡瀘，深入不毛。今南方已定，兵甲已足，當率三軍，北定中原，庶竭駑鈍，攘除姦兇，興復深室，還於舊都。此臣所以報先帝而忠陛下之職分也。……願陛下託臣以討賊興復之效；不效則治臣之罪，以告先帝之靈。』

又後出師表說：

『寢不安席，食不甘味。……鞠躬盡瘁，死而後已。』

這是何等肯賣氣力的一種表示！在實際上他也確切做到「鞠躬盡瘁，死而後已」的地步。他之所以能建樹功業，具備這種精神也與有力焉。

蜀志說：

『初，亮自表後主曰：「成都有桑八百株，薄田十五頃，子弟衣食自有餘饒。至於臣在外任，無別調度，隨身衣食，悉仰於官，不別治生，以長尺寸。若臣死之日，不使內有餘帛，外有餘財，以負陛下。」及卒，如其所言。』（諸葛亮傳）

純正的法家，重在爲公家做事，不重在爲自己發財。故能於「死之日，不使內有餘帛，外有餘財」。這種精神，比較後世以從政爲發財之捷徑者，實不可同日而語。這是他不營私利的一種實證。純正的法家，既無明哲保身之念，自無藉官發財之圖了。岳武穆說：「文官不愛錢，武官不怕死，天下太平矣！」諸葛亮就是這樣一個好的榜樣。

四　後秦法家王猛

王猛，生於晉太甯三年，卒於晉甯康三年，生平事略如下：

『王猛，字景略，北海劇人。瓌姿儁偉，博學好兵書，謹重嚴肅，氣度雄遠，細事不干其慮，自不參其神契，略不與交通。是以浮華之士，咸輕而羨之。猛悠然自得，不以屑意。少游於鄴都，時人罕能識也。惟徐統見而奇之，召爲功曹，遁而不應。遂隱於華陰山，懷王佐之志，希龍顏之志，斂一待時，候風雲而後動。……』

『符堅將有大志，聞猛名，遣呂婆樓召之。一見便若平生，語及興廢大事，異事同契，若玄德之遇孔明也。及堅僭位，以猛爲中書侍郎。時始平多枋頭西歸之人，豪右縱橫，刦盜充斥，乃轉猛爲始平令。猛下車，明法峻刑，澄察善惡，禁勒彊豪。鞭殺一吏，百姓上書訟之，有司劾奏，檻車徵下，廷尉詔獄。堅親問之，曰：「爲政之體，德化爲先。涖任未幾，而殺戮無數，何其酷也？」猛曰：「臣聞宰寧國以禮，治亂邦以法。陛下不以臣不才，任臣以劇邑，謹爲明君剪除奸滑。始殺一姦，餘尚數萬。若以臣不能窮殘盡暴，肅清執法者，敢不甘心鼎鑊，以謝孤負。酷政之刑，臣實未敢受之。」堅謂羣臣曰：「王景略，固是管夷吾子產之儔也。」於是赦之。遷尚書左丞，咸陽內史，京兆尹。未幾除吏部尚書，太子詹事，又遷尚書，左僕射，輔國將軍，司隸校尉，加騎都尉，居中宿衛。時猛年三十。六歲中五遷，權傾內外，宗戚舊臣皆害其寵。……遷尚書令，太子太傅，加散騎常侍。又轉司徒，錄尚書事，餘如故。猛辭以無功，不拜。後率諸軍討慕容暐，軍禁嚴明，師無私犯。……軍還，以功進封清河郡侯。……入爲丞相，中書監。尚書令，太子太傅，司隸校尉，持節常侍將軍，侯如故，稍加都督中外諸軍事。……其後數年，復授司徒。……軍國萬機之務，事無巨細，莫不歸之。』

『猛宰政公平，流放尸素，拔幽滯，顯賢才，外修兵革，內崇儒術，勸課農桑，敎以廉恥，無罪而不刑，無才而不任，庶績咸熙，百揆時敍。於是兵彊國富，垂及升平，猛之力也。』（晉書王猛傳）

晉書以爲王猛「內崇儒術」，其實不然。他是「明法峻刑，澄察善惡」的法家，又是「軍禁嚴明，師無私犯」的兵家。符堅以王猛爲「管夷吾子產之儔」，才算是一個知言。符堅之所以能重建後秦，至於「兵彊國富」，稱盛一時的原因，多在王猛實行法家的主張。如果王猛不早死，我想符堅或者不致爲謝玄敗於淝水了。王猛死時，符堅痛哭，謂太子宏說：「天下欲使吾統一六合邪？何奪吾景略之速也！」由此可見符堅對於王猛的賞識和悼惜。

五　宋代半儒半法的王安石

清末以前，中國歷史上有三次大變法：第一次爲商鞅的變法，是法家的變法，完全成功，已述於前。第二次爲王莽的變法，是儒家的變法，完全失敗，不在本書討論之列。第三次爲王安石的變法，是半爲儒家，半爲法家的變法，有成有敗，本章於此須略述之。

通常以爲王安石是個儒家，然他却不是一個純粹的儒家，而是雜有法家意味的儒家，也可說是雜有儒家采色的法家。安石生當儒家理學極盛的宋代，自然難完全逃出儒家的範圍。不過他的性格、主張和設施却都有法家的傾向。他之所以遭當時儒家劇烈反對的原因，即在於此。就他的性格說，儒家認爲「執拗」，甚至詆爲「天變不足畏，人言不足卹，祖宗不足法」，然他却堅持所信，不爲動搖。他說：

『人言固有不足卹者，苟當於禮義，則人言何足卹？故傳稱「禮義不愆，何卹於人言？」……

……至於祖宗之法不足守，則固是如此。仁宗在位四十年，凡數次修敕。若法一定，子孫當世世守之，祖宗何故屢自改變？』（宋史神宗本紀）

儒家素重法祖，而他却要變法，並且堅持變法。這不但性格近於法家，而且主張也近於法家了。他說：

『顧內則不能無以社稷爲憂，外則不能無懼於夷狄，天下之財力日以困窮，而風俗日以衰壞。四方有志之士諰諰然常恐天下之不久安，此其故何也？患在不知法度故也。今朝廷法嚴令具，無所不有，而臣以謂無法度者，何哉？方今之法度，多不合乎先王之政故也。……夫二帝三王相去蓋千有餘載，一治一亂，其盛衰之時具矣；其所遭之變，所遇之勢，亦各不同；其設施之方亦皆殊；而其爲天下國家之意，本末先後，未嘗不同也。臣故曰當法其意而已。法其意，則吾所改易更革，不至乎傾駭天下之耳目，囂天下之口，而固已合乎先王之政矣。……先王於天下之士，教之以道藝矣；不帥教，則待之以屏棄遠方終身不齒之法。約之以禮矣；不循禮，則待之以流殺之法。王制曰：「變衣服者，其君流」，酒誥曰：「厥或誥曰羣飲，汝勿佚，盡執拘以歸於周，予其殺。」夫羣飲，變衣服，小罪也；流殺，大刑也。加小罪以大刑，先王所以忍而不疑者，以爲不如是不足以一天下之俗而成吾治』。（上仁宗萬言書）

所謂「法度」，本是法家的重要主張。所謂「加小罪以大刑」，也不過是法家所謂「重輕罪」的另一種說法。由此可見安石主張中參有法家的成分。純粹法家的變法，重在變古，所以不肯託古。然安石既非純粹的法家，而其變法又重在變今，所以可以藉助於託古。他的託古，便是利用儒家的經典賦以新義，即是用儒家的招牌，雜以法家的內容。他所定的新義有詩書周禮三經，頒於學官，強迫學習。這是改革舊有儒家思想的一種方法，也是以法家思想參進儒家思想的一種方法。他於周禮新義序說：

『惟道之在政事，其貴賤有位，其後先有序，其多寡有數，其遲速有時。制而用之存乎法，推而行之存乎人。其人足以任官，其官足以行法，莫盛乎成周之時。其法可施於後世，其文有見於載籍，莫具乎周官之書。』（王臨川全集）

周禮本是漢代儒家託古的一種著作，已不免雜有少許法家的成分在內。安石又以他的新義託於周禮，自更與正統的儒家說法不同。其最不同的所在，即在他「制而用之存乎法，推而行之存乎人」的一種儒法調和論。這種說法，他曾再三提出，如陳時政疏說：

『夫天下，至大器也。非大明法度，不足以維持；非衆建賢才，不足以保守。苟無至誠惻怛憂天下之心，則不能詢考賢才，講求法度。賢才不用，法度不修，偷假歲月，則幸或可以無他；曠日持久，則未嘗不終於大亂』。（臨川全集）

又如度支副使廳壁題名記說：

『合天下之衆者，財；理天下之財者，法；守天下之法者，吏也。吏不良，則有法而莫守；法不善，則有財而莫理；有財而莫理，則阡陌閭巷之賤人，皆能私取予之勢，擅萬物之利，以與人

主爭黔首……然則善吾法而擇吏以守之，以理天下之財，雖上古堯舜，猶不能毋以此爲先急，而況於後世之紛紛乎？』（同前）

正統的儒家着重人治，反對法治。正統的法家，着重法治，反對人治。而安石調和儒法兩家，兼重法治與人治。這是安石主張有法家成分的證據。因此宋代儒家以爲「安石之學，獨有得於刑名度數，而道德性命則爲有所不足。」（見朱子全集）而安石自己也有一首詠商鞅的詩如下：

『自古驅民在信誠，一言爲重百金輕。今人未可非商鞅，商鞅能令政必行。』（臨川詩集）

由此詩可見安石對於法家的嚮往。至於他的設施，即所謂「新法」，既在形式上完全爲「法」，而在內容上又多着重「富國強兵」，更爲近於法家。安石於變法之初，設立「置制三司條例司」。「三司」爲宋代管理中央財政的機關，通管鹽鐵，度支，戶部三種職務。所謂「置制三司條例司」，便是擬定法令整理財政的最高機關。關於富國的新法如青苗、募役、均輸、市易等，多由此機關產生。新法概要如下：

『農田水利、青苗、均輸、保甲、免役、市易、保馬、方田、諸役相繼並興，號爲新法，遣提舉官四十餘輩頒行天下。青苗法者，以常平糴本作青苗錢，散與人戶，令出息二分，春散秋斂。均輸法者，以發運之職，改爲均輸，假以錢貨，凡上供之物，皆得徙貴就賤，用近移遠，預知在京倉庫所當辦者，得以便宜蓄買。保甲之法，籍鄉村之民，二丁取一，十家爲保，保丁皆授以弓弩，教之戰陣。免役之法，據家貲高下各令出錢雇人充役。下至單丁女戶，本來無役者，亦一概輸錢，謂之助役錢。市易之法，聽人賒貸縣官財貨，以田宅或金帛爲抵當，出息十分之二，過期不輸，息外每月更加罰錢百分之二。保馬之法，凡五路義保願養者，戶一匹，以監牧見馬給之，或與其值使自市，歲一閱其肥瘠，死病者補償。方田之法，以東西南北各千步當四十一頃六十六畝，一百六十步爲一方，歲以九月令佐分地計量，驗土地肥瘠，定其色號，分爲五等，以地之等均定稅數。又有免行錢者，約京師百物諸行利入厚薄，皆令納錢，與免行戶祗應。自是四方爭言農田水利，古陂廢堰悉務興復。……』（宋史王安石傳）

青苗、均輸、免役、市易、免行以及農田水利等新法都屬於富國的方法。保甲保馬等新法，都屬於強兵的方法。這種種新法以當時儒家多極端反對，未能始終貫澈，發生大效，殊爲可惜。關於各新法本身的利害得失及當時實行經過，本書不能詳，可參閱梁啓超的王荊公傳及柯昌頤的王安石評傳。此外王安石有關於選舉的新法，如以三經新義試士，並加設明法一科，試以律令刑統大義。有關於教育的新法，如建武學於武成王廟，置律學教授及醫學教授於大學，也多近於法家而遠於儒家。至安石一生事略則如下：

『宋太傅荊國王文公，諱安石，字介甫，臨川人，今江西之撫州也。父益，母吳氏，以眞宗天禧五年生公。幼隨父官韶州，十六齡隨父入京。十九齡喪父。二十一歲成進士，簽淮南判官，實仁宗之慶歷二年也。舊制，判官秩滿，許獻文求試館職，公獨否。二十七歲調知鄞縣，治鄞四年，秩滿歸。明年通判舒州，中書劄召試館職，以祖母老家貧不赴。至和元年，年三十四，除集賢校理，不赴。嘉祐元年，年三十六，爲羣牧判官。明年，知常州，移提點江東刑獄。又明年，使還報命，上書仁宗言事。四年提點江東刑獄。五年，召入爲三司度支判官。六年，除知制誥。年四十一，凡知制誥三年。治平元年，年四十四，以母喪居江寧。四年正月，英宗崩，神宗立，三月起公知江甯府；九月除翰林學士。明年爲熙寧元年，公年四十八，四月以翰林學士越次入對。熙寧二年二月，以公參知政事。四年，同中書門下平章事。七年累疏乞解機務。六月，以觀文殿學士知江寧府。八年八月復召爲同中書門下平章事，六月除尚書左僕射兼門下侍郎。九年十月罷，以使相判江寧府，時公年五十七。自熙宗元年入對後，執政凡九年，自是遂稱病不復起。元豐元年，年五十六，特授開府儀同三司，封舒國公，領集賢觀使。三年，授特進，改封荊國公。八年三月神宗崩，宣仁太后臨朝，進公司空。明年爲元祐元年，四月，公薨，時年六十六，贈太傅。凡公罷相後居江寧，又九年。紹聖中謚曰文公。』（梁啓超王荊公傳第四章）

六　明代外儒內法的張居正

張居正，字叔大，號太岳，謚文忠，湖北江陵人，以地望稱爲張江陵。生於明嘉靖四年，卒於明萬曆十年，即民國紀元前三百八十七年至三百三十年，享年五十八歲。張居正的父親叫張文明，是明代一個秀才，母親姓趙，於嘉靖四年五月三日生文忠。文忠生後二歲能言，三歲能識字，號爲神童，六歲入學塾讀書，十歲通六經大義，能寫文章，十二歲即成爲秀才，爲學政和郡守所賞識。十三歲赴省鄉試，名字已在中舉額內，而巡撫顧璘一面特加獎勵，稱爲將相才，又一面抽去文忠的名字，不使中舉，勸他回去再努力讀書。後來文忠之得深造，很得力於顧璘的指導。過了三年，又赴省鄉試，於十六歲時卽成爲舉人。成了舉人之後，便於舉業卽八股文章外，致力於經史子集的探討，兼涉獵佛書。二十三歲赴京會試，成爲進士，又到翰林院讀書，專攻國家典章制度，並交接師友，頗爲翰林院學士卽教習徐階所垂青。讀了兩年，由庶吉士考取編修，成爲一種史官，可與君主和大臣接近，便上陳時政疏，痛說當時政治的弊病。惜其時世宗正迷信道教，不問政治，而政府大權掌在奸貪的嚴嵩手中，對於文忠的奏疏完全不睬，因此文忠鬱居翰林院當編修有五年之久，未能有所表現，至於病了，乃告假回鄉。臨去時，留書徐階寫出他的懷抱，並且對徐階於依依難舍之情中，表示責難之意。回鄉後便在山中修一「學農園」，住在裏面，邊養病，邊讀書，杜門謝客，不欲復出，如是過了六年。到三十六歲時，文忠的父親促他再出，乃又赴北京任右春坊右允中的官，兼管國子監司業，與高拱同事。過了兩年，嚴嵩失勢，徐階繼爲首輔，文忠前後被薦爲承天大志副總裁和裕邸講讀官，成了穆宗做太子時的老師，計有三年多。四十二三歲時，因世宗逝世，穆宗卽位，徐階受遺輔政，引文忠爲助，文忠得於一年多內由翰林院學士連擢爲殿閣大學士，參與國家機務，於是漸次當權了。隆慶二年文忠上陳六事疏，爲後來施政的主要綱領，極關重要。此時雖蒙穆宗採用，但因頽習已深，尙未能十分貫澈，而且首輔換了李春芳，意見大與文忠不合，更無法貫澈。到隆慶六年，穆宗逝世，神宗卽位，只是一個十歲的小孩子，文忠與高拱高儀三人同時受遺輔政。不久，高拱與文忠對於馮保的意見不合，高拱去位，接着高儀又病卒，於是文忠便成了獨任的宰相。其後雖然有呂調陽張四維申時行馬自強先後入閣，然而國家一切大政大計都是決於文忠一人，他們僅僅是個輔助者罷了。自萬曆元年到十年，文忠將他的政治綱領一一親手實行起來，使國家富強，內外安定，不但可稱爲明代惟一的政治家（梁任公語），而且可說是中國有史以來有數的政治家。他是一個法家式的政治家，綜覈名實，信賞必罰，一切裁之以法，但又兼得儒家的忠誠，兵家的權變和佛家的解脫，故得成功一個有謀、有爲、有守、而以赤心擔當國事的政治家。他的有謀，可於他的政治綱領和施政方法見之。他的有爲，可於他的不辭勞苦，不避怨謗，綜覈名實，堅持到底之精神見之。他的有守，可於他的不求爵位，不求貨財，不求虛榮之行事見之。他在生時雖有人嫌他專擅，但莫可如何他，因爲當時還是君主專制時代，君主既是一個小孩子，宰相代爲施政，自比宦官太后攝政爲佳。他死後雖有人假借種種問題來攻擊他，至於奪官奪謚並且抄家，但此只足快私人之恩怨，亂一時的是非，並不足貶損一個「工於謀國，拙於謀身」之政治家的眞價值。所以到了明朝要亡的時候，上下又思念文忠，推崇他的功業。試看王啓茂謁張文忠公祠的詩，便可見一斑如下：

『袍笏巍然故宅殘，入門人自肅衣冠。半生憂國眉猶鎖，一詔旌忠骨已寒。恩怨盡時方論定，邊疆危日見才難！眼前國是公知否？拜起還宜拭目看！』（見張文忠公全集附錄二）

凡是一個政治家必定有一個準對當時時勢的政治綱領，做實施的依據。文忠見當時的國勢，東南有倭禍，北方有虜患，而風俗人情猶「有頹靡不振之漸，有積重難返之幾。」救時急務，需要綜覈名實，力求富強。他為貫澈這種救時急務，曾定出一個政治綱領，那便是隆慶二年所上的陳六事疏。該疏要點節錄如下：

一、省議論　天下之事，慮之貴詳，行之貴力，謀在於衆，斷在於己。申公云：「為治不在多言，顧力行何如耳！」事無全利，亦無全害。人有所長，亦有所短。要在權利害之多寡，酌長短之所宜，委任責成，庶克有濟。掃無用之虛詞，求躬行之實效。欲為一事，須審之於初，務求停當。及計慮已審，即斷而行之。如唐憲宗之討淮蔡，雖百方阻之，而終不為之搖。欲用一人，須愼之於始，務求相應。既得其人，則信而任之，如魏文侯之用樂羊，雖謗書盈篋而不為之動。一切奏章，務從簡切。是非可否，明白直陳，毋得彼此推諉，徒託空言。（見張文忠全集，下同。）

按此條重在施政要切實貫澈，不要講空話，更不要以空話中途變計，廢事疑人。用現在的話說，便是莫只開會議，只講宣傳，只做官樣文章，而不自己切實負責去幹，又不信任他人切實負責去幹。如此，乃能做出一點事業來。

二、振紀綱　情可順而不可徇，法宜嚴而不宜猛。張法紀以肅羣工，刑賞予奪一歸之公道，而不必曲徇乎私情。政教號令必斷於宸衷，而毋致紛更於浮議。法所當加，雖貴近不宥。事有所枉，雖疏賤必申。

按此條重在施政要嚴明公允，不可模棱，不可曲徇，不可敷衍。法權高於一切，無論何人，無論何事，須一律裁之以法。如此乃有軌道可循。

三、重詔令　凡大小事務旣奉明旨，須數日之內卽行題覆。若事理了然明白易見者，卽據理剖斷，毋但諉之撫按議處。其有合行議勘問奏者，亦要酌量事情緩急，道里遠近，嚴立限期，責令上緊奏報，該部置立號簿登記註銷。如有違限不行奏報者，從實查參，坐以違制之罪，吏部卽以此考其勤惰，以爲賢否，然後人思盡職，事無壅滯。

按此條重在施政要稽查，隨事考成，層層督責，不得玩廢。上級機關下道命令，必責令下級機關尅期遵行，如此乃不至視命令爲官樣文章，以呈報爲奉行故事，而實行一事有一事的實效。命令之權威，也可因此建立起來。文忠於此條最爲講究，所以後來又上請稽查奏章隨事考成疏，（見張文忠公全集）詳定奏章考成方法，切實推行。

四、覈名實　人主所以馭其臣者，賞罰用舍而已。欲賞罰用舍之當，在於綜覈名實而已。愼重名器，愛惜爵賞。用人必考其終，授任必求其當。有功於國家，雖千金之賞，通侯之印，亦不宜吝。無功國家，雖嚬笑之微，敝袴之賤，亦勿輕予。嚴考課之法，審名實之歸。至於用舍進退，一以功實爲準，毋徒眩於聲名，毋盡拘於資格，毋搖之以毀譽，毋雜之以愛憎，毋以一事槪其平生，毋以一眚掩其大節。人有專職，事可責成，而人才亦不患其缺乏矣。

按此條重在施政要用久任責成，綜覈名實的方法，去施行賞罰，進退人才，使賞罰平允，人才奮勉，而又各得其用，各盡其力。用人最忌賞罰不當，進退失宜，而一以功實爲準，便沒有這種毛病了。

五、固邦本　欲攘外者先安內。「民爲邦本，本固邦寧。」當民窮財盡之時，若不痛加節省，恐不能救，伏望軫念民窮，加惠邦本，於凡不急工程，無益徵辦，一切停免，崇尙儉素，以爲天下先。愼選良吏，牧養小民。其守令賢否殿最，惟以守己端潔，實心愛民，乃與上考稱職，不次擢用。若但善事上官，幹理簿書，而無實政及於百姓者，雖有才能幹局，止與中考。其貪汚顯著者，嚴限追贓。

按此條重在施政要節用愛民，奬廉懲貪，以飭吏治而固邦本。官吏奢侈，必然貪汚。施政如不注意及此，政治便無淸明之望，而一切俱談不到了。

六、飭武備　當今之事，其可慮者莫重於邊防，今之上策莫如自治。而其機要所在，惟在赫然奮發，先定堅志，而懷忠蘊謀之士得效於前。獨患中國無奮勵激發之志，因循怠玩，姑務偸安，則雖有兵食良將，不能有爲。故願急先自治之圖，堅定必爲之志，屬任謀臣，修舉實政，不求近功，不忘有事，熟計而審行之，不出五年，虜可圖矣。

按此條重在攘外須先圖自治，而堅定必爲之志，熟計審行，不可因循怠玩，姑務偸安。對外不怕喪師，不怕賠款，也不怕失地，最怕無報仇雪恥之心，而安於人爲刀俎，我爲魚肉，得過且過，坐以待斃。當時的邊防爲自宣大至薊遼一線，文忠本此綱領切實佈置，竟得終其身以及身後三十餘年間絕無所失，可見謀事在人也。

總觀以上文忠的六種政治綱領，——省議論、振紀綱、重詔令、覈名實、固邦本、飭武備，確爲當時的救時急務。文忠將這種種救時急務澈底識定了，接着又次第切實去推行，一點不肯放鬆。關於文忠推行這六種綱領的實際情形，本書不能敍及，但其功效雖反對他的人也不能不加以承認。例如劉一儒給文忠的信說：

自明公輔政，立省成之典，復久任之規，申考憲之條，嚴遲限之罰，大小臣功，鰓鰓奉職，治功能精明矣。（見明史紀事本末江陵柄政節）

又例如谷應泰在他做的明史紀事本末中也說：

居正及攬大權，登首輔，慨然有任天下之大志。勸上力行祖宗法度，上亦悉心聽納。十年來海內肅清，用李成梁戚繼光委以北邊，攘地千里，荒外讋服。南蠻累世負固者，次第遣將削平之。力籌富國，太倉粟可支十年，冏寺積金至四百餘萬。成君德，抑近倖，嚴考成，覈名實，清郵傳，核地畝，一時治績炳然。（同上）

看了劉谷兩人的說法，可見文忠政治綱領的實際功效，千眞萬確，用不着再多所引證了。

張居正的政治綱領已略述於前節。本節再進而考究他所以構成，推進，並且實行這種政治綱領的根本精神如何。一個政治家不難於草定一種政治綱領，而難於構成一種適合時宜的政治綱領，又有一種根本精神貫澈政治綱領之中，而成爲一種堅定的信守。一個政治家也不難於信守一種政治綱領，而難於推進政治綱領時，有一種根本精神，足以克服實際的困難環境。一個政治家也不難於推進一種政治綱領，而難於實現政治綱領時，又有一種根本精神，足以解脫主觀的煩惱心理。而文忠於信守政綱，克服困難，和解脫煩惱，都有一種特殊精神，爲其事業的根本，試爲分別申述如下：

一、文忠構成他的政治綱領之根本精神是什麼呢？我可以先簡單答復一句，是法家的精神，是法家綜核名實信賞必罰的精神，而其目的則在富國強兵。文忠所謂省議論，振紀綱，重詔令，覈名實，固邦本，飭武備六事，都有法家的根本精神貫澈其中，不只覈名實一事而已。覈名實，固是綜覈名實，省議論，振紀綱，重詔令，固邦本，飭武備，也都是綜覈名實。文忠與李漸菴論治體的信說：

『明興二百餘年矣，人樂於因循，事趨於苦窳。又近年以來，習尚尤靡，至使是非毀譽紛紛無所歸究，牛驥以並駕而俱疲，工拙以混吹而莫辨，議論蠭興，實績罔效，所謂怠則張而相之之時也。況僕以草茅孤介，擁十齡幼主，立於天下臣民之上，國威未振，人有侮心，若不稍加淬勵，舉祖宗故事，以覺寤迷蒙，針砭沉痼，則庶事日隳，奸宄窺間，後欲振之，不可得矣。故自僕受事以來，一切付之於大公，虛心鑑物，正己肅下，法所宜加，貴近不宥，才有可用，孤遠不遺，務在強公室，杜私門，省議論，覈名實，以尊主庇民，率作興事。亦知繩墨不便於曲木，明鏡見憎於醜婦，然審時度勢，政固宜爾。且受恩深重，義當死報，雖怨誹有所弗恤也。』（見張江陵書牘）這封信可說是陳六事疏的一種注解。所謂「審時度勢，怠則張而相之，務在強公室杜私門，省議論，以尊主庇民，率作興事，」而一切裁之以法，這便是法家的根本精神，也就是文忠構成他的政治綱領之根本精神。文忠與龐惺菴的信，更明白指出他的法家精神如下：

「諸葛孔明云：『法行而後知恩。』今人不達治理，動以姑息疏縱爲德，及罹於辟，然後從而罪之，是罔民也。僕秉政之初，人亦有以爲嚴急少恩者，然今數年之間，吏斤斤奉法循職，庶務修舉，賢者得以效其功能，不肖者得免於罪戾，不蹈刑辟，其所成就者幾何？故曰，小仁，大仁之賊也。子產鑄刑書，制甲里，政尚威猛，而孔子稱之曰「惠人」也，然則聖賢之意，斷可識矣。」（同上）

子產諸葛孔明都是中國古代的法家，而文忠引其言事解釋他的治理，在實行上，他又無一不是嚴繩以法。所以我說構成文忠政治綱領的根本精神，是法家綜覈名實，信賞必罰的精神。有此根本精神，才能產生文忠的政治綱領。無此根本精神，雖抄襲文忠的政治綱領，也無用處。

二、文忠推進他的政治綱領之根本精神又是什麼呢？凡是政治家要貫澈政治主張於實際事項，必定繼續不斷的遇着困難，如果沒有一種精神足以克服這種困難，便無法推進政治綱領。文忠所處的時勢既是「人情積習生弊，有頹靡不振之漸，有積重難返之幾，」（見陳六事疏）而他欲改弦更張，綜覈名實，自然遇着困難更多更大。他要嚴敎君主，君主怨他；他要制馭宦官，宦官怨他；他要裁抑貴戚，貴戚怨他；他要淘汰生員，生員怨他；他要壓抑豪右，豪右怨他。總之，他要一一綜覈名實，則凡名與實爽者，便無一不怨他了。文忠在這樣困難環境之下，不取儒家明哲保身的哲學以持祿保位，而取法家綜覈名實的方法以富國強兵，卒能收獲實效，這便因爲他有任勞任怨，盡瘁國事的根本精神，做推行政治綱領的無上動力。呂坤說：「任天下之勞易，任天下之怨難。」而文忠既力任天下之勢，又力任天下之怨，以爲國家做事。這種精神氣魄，是文忠能夠成爲一個政治家的前提條件，也是一個政治家能夠爲國家有所建立的必要條件。文忠說：

「利於公者必不利於私，怨讟之興，理所必有。……念己既忘家徇國，遑恤其他？雖機穽滿前，衆簇攢體，孤不畏也。以是能少有建立，願執事勉之。」（見張江陵書牘答林雲源言爲事任怨）

「秉公執法，乃不穀所望於執事者。……不穀棄家忘軀，以徇國家之事，而議者猶或非之。然不穀持之愈力，略不稍回，故得稍有建立。得失毀譽關頭若打不破，天下事無一可爲者。」（見張江陵書牘答南學院李某言得失毀譽）

打破得失毀譽關頭，以徇國家之事，而得稍有建立，這卽是文忠能夠推行政治綱領的根本精神。呂坤於文忠的這點根本精神認識得非常明白，他說：

先生豐功偉績，昭揭宇宙，至今不可磨滅者，則一言以蔽之，曰任。……先生以六合重擔荷之兩肩，以四海欣戚會爲一體，無所諉託，毅然任之。顧任天下之勞易，任天下之怨難。先生以一身繫社稷安危，愛憎毀譽，等於浮雲，以君德之成敗責經筵，故帝鑑有圖，日講有規。以監局之縱畏關治亂，故付之主者，嚴其約束。立考成以督撫按，節驛遞以恤民窮，限進取以重學校，覈地畝以杜分欺，額舉刺以塞私門，併催科以繩勢逋，重誅讁以儆貪殘，申宗藩之例，裁冗濫之員，核侵漁之餉，淸隱占之屯，嚴大辟之刑，俾九圍之人兢兢輯志，慢肆之吏凛凛奉法，橫議之士息邪說而尊王。事可安常者，不更張以開後釁之端。時當變通者，不因循以養極重之勢。維泰山而捧金甌，俾內難不萌，外患不作，北無敵國之亂，南無擅命之雄，五兵朽鈍，四民安康。此之爲功，伊誰功哉？則先生肯任之心，勝任之手，斷斷乎其敢任之效也。（見張太岳文集呂序）

文忠肯任，勝任，而又有敢任的根本精神，故能推行綜覈名實的政治綱領。敢任的精神無他，即敢作敢爲，任勞任怨，堅持到底，以死報國而已。像文忠這樣能任而又敢任國事的政治家，在歷史上固是少數，而在現代尤爲缺乏，國事敗壞，又何足怪呢？

三、文忠實現他的政治綱領之根本精神又是什麼呢？文忠以任勞任怨的精神堅決推行他的政治綱領，固可收得相當的效果，然必更有一種根本精神，使其本身站得住，行得安，而後乃能完全實現他的政治綱領。那種使其本身站得住，行得安的根本精神，便是超脫世俗，不求名利。不辭勞怨，可以任事，未必能成事。惟能超脫世俗，不求名利，乃足成事。不辭勞怨，自不免以強力加之他人，其結果固可減少事的困難，也可增加事的困難。不求名利，乃以道德律之於己，而後他人難有藉口至於反脣相譏了。故眞能不辭勞怨者，必先不求名利。不求名利，然後乃能得不辭勞怨之大效。文忠超脫世俗不求名利的精神，於其言論和行事見之。文忠自當權以後，對於爵賞，無一次不是再三力辭，這是他不求名利的一種證據。他說：

盟心自矢……惟於國家之事，不論大小，不擇閒劇，凡力所能爲，分所應爲者，咸願畢智竭力以圖之。嫌怨有所弗避，勞瘁有所弗辭，惟務程功集事，而不敢有一毫覬恩謀利之心，斯於臣子分義，庶乎稍盡云爾。（見張文忠公全集纂修書成辭免恩命疏）

人之所不能者，而臣爲之；人之所可受者，而臣辭之，庶於分義稍盡耳。（見前書大婚禮成辭免恩命疏）

向者每被恩命，輒控辭而不已者，良以所慶幸者大，而爵祿非其所計也。（見前書十二年考滿再辭恩命疏）

「惟務程功集事，而不敢有一毫覬恩謀利之心」，這是何等偉大的精神！文忠又實行嚴取與，拒餽贈，這是他不求名利的另一證據。他說：

自不穀待罪政府，以至於今，所却兩廣諸公之餽，寧止萬金？若只照常領納，亦可作富家翁矣。若此類者，不取之民而孰辨耶？夫以肉驅蠅，蠅愈至，何者？以致之之道驅之也。司道之取與不嚴，欲有司之從命，不可得矣。督撫之取與不嚴，欲司道之從令，不可得矣。……一方之本在撫按，天下之本在政府。不穀當事以來，私宅不見一客，非公事不通私書，門巷闃然，殆如僧舍，雖親戚故舊交際常禮，一切屏絕，此四方之人所共見聞，非矯僞也。……以身帥衆……早夜檢點，惟以正己格物之道有所未盡是懼。亦望公俯同此心，堅持雅操，積誠以動之，有頑冥弗率，重懲勿貸。（見張書牘與劉凝齋論嚴取與）

孤暫留在此，實守制以備顧問耳，與奪情起復者不同。故上不食公家之祿，下不通四方交遺。惟亦條條一身，光淨淨一心，以理國家之務，終顧命之託，而不敢有一毫自利之心。所謂或遠或近，或去或不去，歸潔其身而已。此孤之微志也。（見前書答陳我度言辭俸守制）

交際之禮，久已曠廢。往來公差，人所親見。又嚴飭族人子弟，毋敢親受餽遺。故雖相知親舊有惠，亦概不敢當。非欲矯抗沽譽，實以當事任重，兢兢焉務矜小節以自完而已。（見前書答劉紫山）

早夜檢點，以身帥衆，務矜小節，以求自完，這又是何等嚴正的精神！文忠既有偉大和嚴正的精神，不求名利，更有一種超脫的精神，超乎名利，這可舉他辭建三詔亭的事作證。他說：

古之所稱不朽者三，若夫恩寵之隆，閥閱之盛，乃流俗之所豔，非不朽之大業也。吾平生學在師心，不蘄人知，不但一時之毀譽不關於慮，卽萬世之是非亦所弗計也。況欲侈恩席寵，以誇耀流俗乎？……使後世誠有知我者，則所爲不朽，固自有在，豈藉建亭而後傳乎？……且盛衰榮瘁，理之常也。時異勢殊，陵谷遷變，雖吾宅第，且不能守，何有此亭？數十年後，此不過十里鋪前一接官亭耳，烏睹所謂三詔者乎？（見張江陵書牘答朱謹吾辭建亭）

文忠「學在師心，不蘄人知，」那末一切因任勞任怨而生的煩惱心理，便可以自行解脫，不爲所困了。

總之，文忠的根本精神在以法家的精神構成他的政治綱領，而又以不辭勞怨，不求名利的精神，推進並且實現他的政治綱領，因之他遂成爲一個有作爲，有氣魄，有操守的政治家。若要澈底了解文忠的主張與事業，至少須看他的全集和明史。本書不過撮要說了一點，至於詳細敘述，作者另編張居正評傳，已由中華書局出版。

第六章　法家的復興

一　近代中國歷史的大變

法家自漢代演變到近代，又呈現一種復興的傾向。其所以有這種復興傾向的總因，不外由於近代中國歷史的大變。本節先說近代中國歷史大變的概況，下節再說法家復興傾向的究竟。原來中國自秦統一以來的兩千餘年中，雖經過無數的「一治一亂」，甚至有數次外族入主中國的痛史，然結局總仍舊是一個大一統的帝國。這種帝國的政治，是君主專制的政治；經濟，是農業手工的經濟；教育，是八股科舉的教育；文化，是儒家獨占優勢的文化；環境，是閉關自尊無與爲敵的環境。可是到了近代，便大大起了變化。在各種大變化之中，其關係最爲重要的，似莫過於國際環境的大變化。因國際環境的變化，於是又引起國內政治、經濟、教育、文化以及一切有形和無形的大變化，這種種大變化對於中國歷史的影響，可說空前絕後，退一步說，至少也與由周變爲秦的戰國時代之一切變化有相似的重要性。戰國時代將整個中國歷史改換了一個新局面，近代以及今後的一切變化，又要將整個中國歷史重行改換一種新局面。中國歷史之所以要，而且不得不重行改換一個新局面的總關鍵，全在閉關的國家，已經被逼加入了新「戰國」的世界。

近代以前的中國，屹立於亞洲大陸，天然的物產既極其繁富，文化的歷史也極其長久。因此環繞於中國的亞洲諸國如日本、朝鮮、越南、暹邏等，有的接受中國的文化，有的承奉中國的正朔，沒有那個能與中國爲敵，固不消說得。卽亞洲以外的世界各國，也多滯留在中世封建和教會兩重桎梏之下，尙未形成近代國家的模樣，也似不能十分與近代以前的中國相爲比擬。所以從前的中國人每每自尊爲「天朝」，鄙視外國爲「夷狄」。而外國之視中國，亞洲各國固尊中國爲「上國」，卽歐洲各國記起成吉斯汗馳驅歐亞的功業，也不免有點心驚，發出「黃禍」的呼聲。這是近代以前的中國環境。

不過入了近代以後，世界有了大變，因而中國的環境也爲之大變。近代世界怎樣大變呢？因爲文藝復興，宗教改革，科學發明，產業革命，航路開通，法國革命等等重要變化，將歐洲中世國家改變成了近代國家。近代國家的特點，在對內方面，是實行法治的民主主義，以求統一；在對外方面，是實行民族的國家主義，以求發展；在物質方面是，採用科學的物質文明以求便利；在精神方面，是信仰鬪爭的進化學說，以求勝利。建立在這種種特點之上的近代國家之國際關係，是各求發展，互相鬪爭。用一個舊名詞來簡單標明近代國家的國際關係，可以說是「新戰國」。這種「新戰國」，最先發生於歐洲，便開始在歐洲鬪爭，漸次由歐洲伸展到非洲澳洲美洲以及亞洲。不到一世紀，非澳美三洲盡變成歐洲幾個「新戰國」的殖民地。至於亞洲東南沿邊向奉中國爲宗主國的諸小國，也先後盡變成歐洲幾個「新戰國」的新領地。這種「新戰國」的勢力，最後又伸展到中國和日本的身上了。日本以一封建的島國，感受這種新戰國的影響，竟能於六七十年間，急起直追，也造成了一種後起的「新戰國」，一面與歐美各國抗衡，一面向亞洲大陸進取，更使中國的環境劇烈變化。至於中國呢？鴉片戰役的結果，特闢五口通商，這是初步的半開關。英法聯軍之役的結果，沿海以及內河的口岸既多數開放，任外人自由通商和傳教，並享有領事裁判權與關稅協定權。於是閉關的中國，變成了門戶洞開的中國，而且變爲「新戰國」爭奪的場所。李鴻章曾描寫當時的情境說：

> 竊維歐洲諸國百十年來，由印度而南洋，由南洋而中國，闖入邊界腹地。凡前史所未載，亙古所未通，無不款關而求互市。我皇上如天之度，概與立約通商，以牢籠之。合東西南朔九萬里之遙，胥聚於中國，此三千餘年來一大變局也。（同治十一年覆議製造輪船未可裁撤摺）

> 今東南海疆萬餘里，各國通商傳教往來自如，麕集京師及各省腹地，陽託和好之名，陰懷吞噬之計。一國生事，諸國構煽，實爲數千年來未有之變局。輪船電報之迅，瞬息千里；軍器機械之精，工力百倍；又爲數千年來未有之強敵。（光緒元年因臺灣事變籌畫海防摺）

李鴻章在同光之交，已經看到中國所遭遇的敵國，是「數千年來未有之強敵；」所發生的事故，又是「三千餘年來一大變局。」強敵愈來愈大，變局愈來愈大。鴉片戰役開其端，英法戰役繼其後，更繼之以甲午中日戰役。於是中國於歐美的強敵外，又加上一個東鄰的強敵，致使中國陷於爲列強爭奪或環攻的境地。甲午中日戰役以後，列強強佔沿海港灣，是列強爭奪的顯例。庚子八國聯軍之役，是列強環攻的顯例。自此之後，中國主權幾無處不受束縛，中國前途也日益趨於危險。到了九一八事變發生以來，更使國家有岌岌不可終日之勢。中國的國際環境何以如此一天惡劣一天呢？我們不能責備國家環境，我們只宜反省自己的國家何以尚未能適應近代的國際環境。原來近代世界，是一個「新戰國」的世界。在這種新戰國的世界，也如同中國歷史上的戰國時代一樣，是「強國務兼併，弱國務力守，」無所謂正義，也無所謂公理。而且新戰國時代的國際鬭爭之劇烈，較之舊戰國時代更加千百倍之多。不幸開關前的中國，既不曾夢想到這種「新戰國時代」的來臨，開關後的中國，又未曾始終切實準備如何應付這種新戰國時代，以致對外固是層出不窮的屈辱，對內也是繼續不斷的混亂，幾乎不足以立國了。這就是近代中國歷史大變之所由來。

近代中國所遭遇的「新戰國時代」，與歷史上所業已經過的戰國時代互相比較，固有其相異處，同時也有其相似處。其相異處約略如下：

第一、舊戰國時代的範圍，只限於亞洲大陸的一部分；新戰國時代的範圍，則擴大至全世界。換句話說，即整個近代世界，是一種戰國世界。這是範圍的大小不同。

第二、舊戰國時代的問題，重在內亂；新戰國時代的問題，重在外患。解決內亂問題，是要如何使其歸於統一；解決外患問題，是要如何使其恢復獨立。這是問題的性質不同。

第三、舊戰國時代的歷史，是從封建政治轉變成君主政治；新戰國時代的歷史，是從君主政治轉變成民主政治。這是歷史的階段不同。

第四、舊戰國時代的憑藉，沒有科學的利用，新式的武裝，和產業交通的動員；新戰國時代的憑藉，則應有盡有，精益求精。這是憑藉的資料不同。

第五、舊戰國時代的經濟中心問題，是土地問題，即如何將貴族壟斷的土地解放給農民；新戰國時代的經濟中心問題，是產業問題，即如何發展產業，以一面求國內的富裕與調節，又一面在國外伸張經濟的勢力。這是經濟的方向不同。

至其相似處，也有幾點如下：

第一、舊戰國時代的各國家固是各求發展，互相鬪爭；新戰國時代的各國家也是各求發展，互相鬪爭。新舊戰國互相鬪爭的目的均在稱強爭霸，而其結果也均演成「強國務兼併，弱國務力守」的現象。

第二、舊戰國時代因各求發展，互相鬪爭，又形成一種國家主義的理想；新戰國時代也因各求發展，互相鬪爭，又另形成一種國家主義的理想。這兩種時代的國家主義理想，雖其內容不必相同，然其以國家爲前提的根本原則，則幾完全一致。所以在舊戰國時代的國家思想固爲發達，在新戰國時代的國家思想尤爲發達。無論在舊或新的戰國時代中，國家思想發達的國家，便一天一天的趨於強盛；國家思想薄弱的國家，便一天一天的走向滅亡，這也是完全一致的事實。

第三、舊戰國時代爲求推翻貴族專制，整齊國民行動起見，發生一種法治的要求；新戰國時代爲求限制政府權力，統一國民行動起見，也發生一種法治的要求。這兩種法治的最高權，雖有一屬於君主的，又一屬於民主的差異，然其要求實現一種法治國，以保持國內的秩序，則幾完全一致。

第四、舊戰國時代對於國家的急務，是「富國強兵」；新戰國時代對於國家的急務，也是「富國強兵」。運用何種方法以完成富國強兵的急務，固新舊戰國兩時代大有差異，然其趨向於富國強兵的途徑，則無二致。所以在舊戰國時代有軍事的及經濟的國家主義，在新戰國時代也一樣有軍事的及經濟的國家主義。國家的堅固基礎必須建立在富強的實力之上。故舊戰國時代盡力講求富強，新戰國時代尤其盡力講求富強。不富不強的國家便不易生存於舊或新的戰國時代，這也是無二致的。

以上大略說明了近代世界是一種新戰國時代，近代中國已因被迫加入了這個新戰國時代，致歷史發生數千年來未有的大變局；並且大略說明了新戰國時代與中國歷史上的戰國時代之相異處與相似處；以後我們可進而說明法家之所以復興及其如何復興了。

二　法家復興的傾向

久已潛伏，甚至遭人蔑視的中國法家，到了近代又有漸次復興的一種傾向。其所以有這種復興傾向的總原因，不外由於法家的主張，有幾分適合近代中國的局勢需要。原來中國法家極盛於戰國時代，其所以極盛於戰國時代的原因，即以法家思想適合當時的時勢需要。秦漢大一統的局面，代替了列國分峙互爭的戰國形勢之後，法家思想遂在中國學術界成爲一種伏流，不甚居於顯著的地位。這種學術界的伏流，雖有時因實際的需要，偶而躍起，然旋起旋伏，不甚爲人所重視。所最爲人所重視的思想，是潤色大一統帝國的儒家。不過近代中國已被迫走上了世界的新戰國時代，滋長在閉關的大一統帝國之內的儒家思想，便不足應付這種新戰國時代的需要，於是法家遂有一種復興的傾向。法家思想產生於戰國時代，今又遇着一個世界的新戰國時代，自然而然要重行傾向於法家思想。同時新戰國時代列強最有力的思想如「國家觀念」，「法治觀念」，「軍國觀念」，和「國家經濟觀念」等等也與舊日法家思想有幾分相近之處，更容易聯想到法家。所以梁啓超於前淸末年曾說：

今天下言治術者，有最要之名詞數四焉：曰國家思想也，曰法治精神也，曰地方制度也，曰經濟競爭也，曰帝國主義也。此數者，皆近二三百年之產物，新萌芽而新發達者。歐美人所以雄於天下者，曰惟有此之故。中國人之所以弱於天下者，曰惟無此之故。中國人果無此乎？曰惡，是何言！吾見吾中國之發達是，而萌芽是，有更先於歐美者。謂予不信，請語管子。

管子者，中國之最大政治家也。……顧吾國人數千年來崇拜管子者不少槪見，而訾謷之者反倍蓰焉，此誤於孟子之意也。孟子之論管子也，與孔子異：孔子雖於「器小」之譏，偶有微詞，而一則稱之曰「如其仁，如其仁，」再則歎之曰「微管仲，吾其被髮左衽。」豈非以其事業之所影響，功德之所沾被，不徒在區區一齊，而實能爲中國歷史開一新生面邪？孟子之論管子，輕薄之意，溢於言外，常有「彼哉彼哉」，羞與爲伍之心。……在孟子當時或亦有爲而發，爲此過激之言，而後之陋儒……乃反吠影吠聲，摭至迂極腐之末論，以詆謷管子，彼於管子何損？而以此誤治術，誤學理，使先民之良法美意不獲宣於後，而吾國遂渙散積弱以極於今日，吾不得不爲後之陋儒罪也。（中國六大政治家第一編管子傳）

梁啓超的這段話，不是故意做翻案文章，也不是牽強附會以自豪，而是由於法家思想在從前大一統時代，不甚感覺其需要，然到了新戰國時代，便甚覺其比較切合而已。法家既比較切合於時勢的需要，自然思想界就有點傾向於法家了。同時麥孟華又說：

中國之弱於歐美者，其原因不止一端，而其相反之至大者，則曰中國「人治」，歐美「法治」。……徵諸歷史，來喀瓦士立法而斯巴達強，鎖龍立法而雅典霸，十二銅表之法定而羅馬之民政興，自由憲章之法布而英國之基礎固。彼數者，其法之完缺良惡不一致，要皆有公布之法律，舉其國民齊而範之規律之中，皆足以齊民志而善羣事者也。中國一上下紛擾而絕無規律之國也，數千年來曾未聞有立法之事。惟求之二千年上，其有足與來喀瓦士鎖龍相彷彿者，於齊得一管子，於秦得一商君。

商君者，法學之鉅子，而政治家之雄也。奉一「法律萬能」之主義，舉凡軍事生計風俗制度，無一不齊之以法。定一公佈之法，凡一國之平民貴族，治者被治者，靡不受治於同一法律之下。以其綜核精悍之才，排萬夫之抗議，逆一國之輿論，毅然不撓，其驅國民爲積極之進取，遂以興國勢，定霸業。後世因用其法，卒成統一之偉功。……後人……日拾迂腐疏闊之餘論，而詆爲雜霸，毀爲急功。遂使古人之良法美意，湮沒不彰。而我國民之散渙薾弱，遂積數千年而不得一振。……（中國六大政治家第二編商君傳）

麥孟華的話，也含有法家復興的一點傾向。最近友人常燕生更堅決的表示說：

在中國固有的文化寶庫中，要想找出一種系統的思想，過去曾替整個的民族和國家貢獻過極大的成績，現在正切於中國的需要，將來可以給國家發展和世界改造的前途指出一個具體的方向的，我想來想去，只有先秦時代的法家。……

中國現在正處在要從一個民族社會踏入國族社會的階段。在這個階段過渡期中，需要一種積極的，進取的，實證主義的理論來幫助社會的自然進化。在這個前提之下，法家思想必然要復活起來。……

中國今日是一個戰國以後最大的變局，今日的世界又是一個「新戰國」的時代，我們將要從那一條路去挽救國家的頹運，是值得鄭重考慮的一件事。就事實上看來，並世各強國，沒有一個不是把國家統制的權力逐漸擴大，以期建設一個強有力的民族集團，以備對外鬪爭的。法家的思想確正是往這一條大路走的。當然，二千年前的法家，他們的時代，他們的環境，他們的問題，和我們今日中國未必都一一相同。因此，他們的理論，不是絕對無條件一一可施行於今日的。然而他們的根本精神——一個法治的權力國家——却是今日中國一副最適宜的良藥。中國的起死回生之道，就是法家思想的復興，就是一個新法家思想的出現。對於這個結論，我可以毫不猶疑的向全國同胞保證。（國論月刊第一卷第二期，二十四年八月號）

我於他的結論，可說完全同意。

法家既因有點合於近代中國的時勢，而有復興的傾向，那末又是如何的復興呢？這個問題可從兩方面略爲說明。先就思想方面說，就是舊有法家思想的重行估價，與近於中國法家思想的外國學說之輸入。重行估定舊有法家的價值之工作，自清末開始到現在，實有不少的專書或短文涉論到，不勝枚舉；而其中最有影響的著作，如章太炎的原法和論商鞅，（俱見章氏叢書檢論，）梁啓超的中國法理學發達史，梁啓超與他人合編的中國六大政治家，和胡適的古代哲學史大綱等。除梁啓超的先秦政治思想史外，其餘多能撇開儒家傳統的成見，而予法家以客觀的歷史價值，或更以其有合於近代的時勢需要，而加以提倡。作者近年所編商鞅評傳，張居正評傳以及本書，也不過是想對於法家思想重新估定價值的一點貢獻。至近於中國法家思想的外國學說之輸入，如法治學說，軍國主義，民族國家主義，萌芽於英法聯軍以後，極盛於戊戌政變以後，中衰於五四運動以後，最近似又有復盛的傾向。自戊戌政變至辛亥革命前十餘年間，全國新思想界可以說是充滿這類思想的輸入，而以梁啓超所辦新民叢報爲盡力最多，影響最大的代表物。辛亥革命之所以能够迅速成功的最大原因，即由於這類思想的輸入以後，當時一般新人物以爲要對外實際表現這類思想，必須先行對內澈底改革之故。不幸民國成立以後，政黨腐化，軍閥專橫，政治上已無多人注意到繼續輸入並實施這類思想。復經五四運動以後，思想界的權威者多誤於大戰後一時的和平呼聲，也不曾注意到這類思想對於中國國家前途的重要，甚至有人指軍國觀念、國家觀念爲「思想落伍」。於是中國在思想上遂失去了切合實際需要的立國方針。到經過九一八國難的嚴重教訓，而後這類思想才有復活的傾向。這可說是「亡羊補牢，未爲晚也。」今後中國如要立國於新戰國時代，我想這類思想必更大爲發達；否則便是甘願「人爲刀俎，我爲魚肉，」坐待做亡國奴而已。

再就實際方面說，如英法聯軍至甲午戰役年間的自強運動，戊戌政變前後的變法運動，庚子聯軍至辛亥革命年間的維新運動與革命運動，民國以後若斷若續的學生愛國運動或救國運動，都多少含有法家思想的傾向，不過內外時勢的劇變，始終沒有十分貫澈，致未能產生最大的實際功效，可以不必多敍。

最後我們還須補說幾句的：便是近代法家復興的傾向，並不是要將舊法家的理論和方法完完全全再行適用於現代的中國，而是要將舊法家思想中之可以適用於現代中國的成分，酌量參合近代世界關於民主、法治、軍國、國家、經濟統制等類思想，並審合中國的內外情勢，以構成一種新法家的理論。這種新法家的理論成功之日，便是中國得救之時。有志救國的人們努力建立新法家的理論，並且努力實行新法家的理論罷！若能如此，然後才可以改造我們的國家，保護我們的國家，發展我們的國家。

下編　法家的理論

第七章　法家的國家論

一　國家的起原

未有國家以前的原始狀態，與既有國家以後的政治狀態，由法家看來，顯然是兩樣。商君書說：

古者未有君臣上下之時，民亂而不治。是以聖人別貴賤，制爵位，立名號，以別君臣上下之義。地廣民衆，萬物多，故分五官而守之。民衆而姦邪生，故立法制爲度量以禁之。是故有君臣之義，五官之分，法制之禁，不可不愼也。（君臣篇）

這是說原始狀態，「民亂而不治；」國家狀態，乃「有君臣之義，五官之分，法制之禁」的秩序。如何由混亂的原始狀態進到有秩序的國家狀態，那便需要「智者假衆力以禁強虐。」管子說：

古者未有君臣上下之別，未有夫婦妃匹之合，獸處羣居，以力相征。於是智者詐愚，強者陵弱，老幼孤獨不得其所。故智者假衆力以禁強虐，而暴人止，爲民興利除害，正民之德，而民師之。……上下設，民生禮，而國都立矣。是故國之所以爲國者，民禮以爲國；君之所以爲君者，賞罰以爲君。（君臣下篇）

上文中兩禮字，原文爲體字。按尹知章注說：「上下旣設，人則生其貴賤之禮，故國都立也。」又說：「貴賤成禮，方乃爲國。」由此可知體字與禮字通用，禮就是現在所謂「秩序」的意思。上或貴就是現在所謂「統治者」的意思，下或賤就是現在所謂「被治者」的意思。統治的智者假借衆力，禁制強暴，以建立出一種被治者遵守的秩序，於是成功了一個國家。這便是國家的起原。這種國家起原的說法，沒有「神授」的意味，也沒有「民約」的意味，而十分含有「強力」或「權力」的意味。法家旣認國家的起原，在用強力建立秩序，所以特別推崇「力」，以求國家的興盛。商君書說：

千乘能以守者，自存也；萬乘能以戰者，自完也；雖桀爲主，不肯詘半辭以下其敵。外不能戰，內不能守，雖堯爲主，不能以不臣諧所謂不若之國。自此觀之，國之所以重，主之所以尊者，力也。（愼法篇）

敵國之君王，雖說（按與悅同義）吾義，吾弗入貢而臣；關內之侯，雖非吾行，吾必使執禽而朝。是故力多則人朝，力寡則朝於人，故明君務力。（韓非子顯學篇）

國力的強弱，取決於戰爭。所以又說：

名尊地廣以至於王者，何故？戰勝者也。名卑地削以至於亡者，何故？戰罷者也。不勝而王，不敗而亡者，自古及今，未嘗有也。（商君書畫策篇）

法家如此重力，所以法家心目中的國家，只是一種「軍國」；法家心目中的政治，只是一種「覇政」。這是國家起原於強力的必然結論。

二　國家的進化

在法家未成爲一種學派以前，中國的傳統學說多以爲黃金時代在過去，時代越後，退化越多，所以主張「法古」「法先王」，例如儒家。但是法家對於這種保守的法古論，是非常反對的。他們爲反對法古起見，提出一種新歷史哲學，那便是國家進化論。商君書評述中國國家進化爲親親、上賢、貴貴，三個階段，說：

天地設而民生之。當此之時也，民知其母而不知其父。其道親親而愛私。親親則別，愛私則險，民衆而以別險爲務，則民亂。當此時也，民務勝而力征。務勝則爭，力征則訟，訟而無正，則莫得其性也。故賢者立中正，設無私，而民說仁。當此時也，親親廢，上賢立矣。凡仁者以愛利爲務，而賢者以相出爲道。民衆而無制，久而相出爲道，則有亂。故聖人承之，作爲土地貨財男女之分。分定而無制，不可，故立禁。禁立而莫之司，不可，故立官。官設而莫之一，不可，故立君。旣立君，則上賢廢，而貴貴立矣。然則上世親親而愛私，中世上賢而說仁，下世貴貴而尊官。上賢者，以贏相出也；而立君者，使賢無用也。親親者以私爲道也，而中正者使私無行也。此三者非事相反也，民道弊而所重易也，世事變而行道異也。（開塞篇）

此文所謂上世，指春秋以前。此時爲封建政治，故「親親而愛私。」所謂中世，指春秋。此時封建政治已動搖，一面各國諸侯漸次起用號稱賢人的平民；一面大唱賢人政治的孔子學說已傳播於中原，故「上賢而說仁。」所謂下世，指戰國。此時封建政治完全破壞，君主政治漸次建立，故「貴貴而尊官。」「貴貴而尊官」的時代，便只須「貴貴而尊官，」既不可「上賢而說仁，」也不可「親親而愛私。」所以說「世事變而行道異。」

韓非對於國家進化的說法，雖與商君書不同，而結論却是一致，如下：

上古之世，人民少而禽獸衆，人民不勝禽獸蟲蛇。有聖人作，搆木爲巢，以避羣害，而民悅之，使王天下，號之曰有巢氏。民食果蓏蜯蛤腥臊惡臭，而傷害腹胃，民多疾病。有聖人作，鑽燧取火，以化腥臊，而民說之，使王天下，號之曰燧人氏。中古之世，天下大水，而鯀禹決瀆。近古之世，桀紂暴亂，而湯武征伐。今有搆木鑽燧於夏后氏之世者，必爲鯀禹笑矣；有決瀆於殷周之世者，必爲湯武笑矣。然則今有美堯舜禹湯武之道於當今之世者，必爲新聖笑矣。是以聖人不期循古，不法常行，論世之事，因爲之備。（五蠹篇）

這是說一個時代，有一個時代的特殊情況；在那一個時代便要用合於那一個時代的特殊情況之辦法，不可拘守不變。韓非又進而推究國家進化的原因，在人口繁殖，貨財不足供應需要等，他說：

古者丈夫不耕，草木之實足食也。婦人不織，禽獸之皮足衣也。不事力而養足，人民少而財有餘，故民不爭。是以厚賞不行，重罰不用，而民自治。今人有五子不爲多，子又有五子，大父未死而有二十五孫。是以人民衆而貨財寡，事力勞而供養薄，故民爭，雖倍賞累罰而不免於亂。……夫山居而谷汲者，膢臘而相遺以水；澤居苦水者，買傭而決竇。故饑歲之春，幼弟不饟；穰歲之秋，疏客必食；非疏骨肉，愛過客也，多少之實異也。是以古之易財，非仁也，財多也；今之爭鬬，非鄙也，財寡也。輕辭天子，非高也，勢薄也；重爭土橐，非下也，權重也。故聖人議多少，論厚薄而爲之政。故罰薄不爲慈，誅嚴不爲戾，稱俗而行也。故事因於世，而備適於事。(同上)

「事因於世，」便是「世異則事異」的意思。「備適於事，」便是「事異則備異」的意思。這便是韓非的國家進化的歷史哲學。這種歷史哲學的要點，在一面看國家的歷史是隨時代而變化，又一面治國家的方法要因變化而決定，於是推出一種「變法論」來。商君書說：

古之民樸以厚，今之民巧以僞。故效於古者，先德而治；效於今者，前刑而法。(開塞篇)

前世不同教，何古之法？帝王不相復，何禮之循？伏羲神農教而不誅，黃帝堯舜誅而不怒，及至文武，各當時而立法，因事而制禮。禮法以時而定，制令各順其宜，兵甲器備各便其用。臣故曰：「治世不一道，便國不必法古。」(更法篇)

這是商鞅實行變法的理由。韓非也說：

不知治者，必曰：「無變古，無易常。」變與不變，聖人不聽，正治而已。然則古之無變，常之毋易，在常古之可與不可。伊尹毋變殷，太公毋變周，則湯武不王矣。管仲毋易齊，郭偃勿更晉，則桓文不覇矣。(南面篇)

上古競於道德，中世逐於智謀，當今爭於氣力。……夫古今異俗，新故異備。如欲以寬緩之

政，治急世之民，猶無轡策而御馯馬，此不知之患也。（五蠹篇）

這是反對儒家的保守論。法家認定戰國是一種「急世」，一面主張變法，一面反對保守。於是使國家的進化加速，由分權的封建政治進到集權的君主政治，由紛爭的戰國進到一統的帝國。如若沒有法家的國家進化論，便不易產生理由充足的變法論；如若沒有理由充足的變法論，則中國在戰國時代的進化便要延遲了。

三　國家的要素

近代政治學者，通常以爲國家的構成，在於具備土地、人民、和主權三個要素。法家對於這三個要素雖均曾討論到，但最重視的不是土地和人民，而是主權。主權這個名詞及與主權相近的名詞如統治權或政治權力等，在法家術語中叫做『勢』。勢字的意義，在通常的用法上有兩種：一是形勢的勢，二是勢力的勢。在法家書中所謂『勢』，最多數指勢力而言，最少數指形勢而言，有時卽指形勢的勢字，也是指勢力所構成的形勢而言，須細心加以分別。法家爲顯示他們所謂『勢』的意義起見，有時於勢字下加一字，如說「勢位」，有時於勢字上加一字，如說「威勢」，又有時用同義的字代勢，如說「權」。總之法家所謂「勢」，多指主權、統治權或政治權力而言，不可當作尋常的意義看。例如韓非子難勢篇和呂氏春秋愼勢篇的兩勢字，都是指統治權而言；這兩篇文章，也都是關於統治權的討論。明白了這個術語的特殊意義，然後可進而研究法家關於「勢」的意見。法家所說「勢」

的定義如下：

柄者，殺生之制也；勢者，勝衆之資也。（韓非子八經篇）

這是以「勢」爲統治人民的權力。尹文子說：

勢者制法之利器。（大道上篇）

這是以「勢」爲制定法律的權力。商君書說：

國之所以治者三：一曰法，二曰信，三曰權。（修權篇）

明君之所以立功成名者四：一曰天時，二曰人心，三曰技能，四曰勢位。……得勢位，則不進而名成。（韓非子功名篇）

所謂「權」或「勢位」，就是指「勢」。這是以「勢」爲治理國家或建立功業的要素。統治人民，制定法律，治理國家，以及建立功業，都要賴這個「勢」，可見「勢」成了國家一個重要要素。

法家所說「勢」的特性，有以下幾種：

王也者，勢也；王也者，勢無敵也；勢有敵，則王者廢矣。（呂氏春秋愼勢篇）

「勢」要無敵，這是說明勢的惟一性。呂氏春秋又說：

夫欲定一世安黔首之命，……其勢不厭尊，其實不厭多；多實尊勢，賢士制之，以遇亂世，王猶尙少。（同上）

萬物莫如身之至貴也，位之至尊也，主威之重也，主勢之隆也。（韓非子愛臣篇）

「勢不厭尊，」主勢要隆，這是說明勢的最高性。韓非子說：

勢之爲道也，無不禁。（難勢篇）

「勢無不禁，」這是說明勢的強制性。「勢」既具有惟一、最高和強制三種特性，那末，法家的「勢論」，便與近代的「主權論」相同了。法家所負的歷史使命，在以君主政治代替封建政治。於是又主張「勢」須集於君主，也與近代「主權在君說」相同了。法家說明君主集勢的必要說：

凡人君之所以爲君者勢也。故人君失勢，則臣制之矣。勢在下，則君制於臣矣；勢在上，則臣制於君矣。故君臣之易位，勢在下也。……故請入而不出，謂之滅；出而不入，謂之絕；入而不至，謂之侵；出而道止，謂之壅：滅絕侵壅之君者，非杜其門而守其戶也，爲政之有所不行也。故曰：「令重於寶，社稷先於親戚；法重於民，威權重於爵祿。」故不爲重寶輕號令，不爲親戚後社稷，不爲愛民枉法律，不爲爵祿分威權。故曰：「勢，非所以予人也。」（管子法法篇）

權勢者，人主之所獨守也。故人主失守則危。……權斷於主則威，民信其法則親。是故明王審法愼權。（管子七臣七主篇）

夫權者，神聖之所資也。獨明者，天下之利器也。獨斷者，微密之營壘也。此三者，聖人之所則也。（管子覇言篇）

權者，君之所獨制也。……權制獨斷於君，則威。（商君書修權篇）

權勢不可以借人，上失其一，下以爲百。故臣得借，則力多；力多，則內外爲用；內外爲用

則人主壅。（韓非子內儲說下）

勢重者，人主之淵也；君者，勢重之魚也。魚失於淵，而不可復得也。人主失其勢重於臣，而不可復收也。古之人難正言，故託之於魚。賞罰者，利器也；君操之以制臣，臣得之以壅主。故君先見所賞，則臣鬻之以爲德；君先見所罰，則臣鬻之以爲威。故曰：「國之利器，不可以示人。』」（同上）

國者，君之車也；勢者，君之馬也。夫不處勢以禁誅擅愛之臣，而必德厚以與下齊行以爭民，是皆不乘君之車，不因馬之利，舍車而下走者也。（韓非子外儲說右上篇）

夫以王良、造父之巧，共轡而御，不能使馬，人主安能與其臣共權以爲治？以田連、成竅之巧，共琴而不能成曲，人主又安能與其臣共勢以成功乎？（同上，外儲說右下）

萬乘之主，千乘之君，所以制天下而征諸侯者，以其威勢也。威勢者，人主之筋力也。今大臣得威，左右擅勢，是人主失力；人主失力而能有國者，千無一人。虎豹之所以能勝人，執百獸者，以其爪牙也；當使虎豹失其爪牙，則人必制之矣。今勢重者，人主之爪牙也；君人而失其爪牙，虎豹之類也。（同上，人主篇）

主之所以尊者，權也。……故明君操權而上重。（同上，心度篇）

以上所引各節，都是反覆說明君主必須集權，不可使臣下「擅勢」。法家不但主張君主必須集勢，並且主張君主必須「任勢」、「持勢」以治國，因而反對尚賢。最先以主張任勢著名的法家，大概是愼到。他說：

　賢人而詘於不肖者，則權輕位卑也；不肖而能服賢者，則權重位尊也。堯爲匹夫，不能治三人；而桀爲天子，能亂天下。吾以此知勢位之足恃，而賢智之不足慕也。夫弩弱而矢高者，激於風也；身不肖而令行者，得助於衆也。堯教於隸屬，而民不聽；至於南面而王天下，令則行，禁則止。由此觀之，賢智未足以服衆，而勢位足以詘賢者也。（韓非子難勢篇引，亦見愼子威德篇）

韓非關於此點的主張也與愼到一樣，所以他說：

　夫有材而無勢，雖賢不能制不肖。故立尺材於高山之上，而下臨千仞之谿，材非長也，位高也。桀爲天子，能制天下，非賢也，勢重也。堯爲匹夫，不能正三家，非不肖也，位卑也。千鈞得船則浮，錙銖失船則沈，非千鈞輕而錙銖重也，有勢之與無勢也。故短之臨高也，以位；不肖之制賢也，以勢。（功名篇）

　且民有倍心者，君上之明有所不及也。不紹葉公之明，而使之悅近而來遠，是舍吾勢之所能禁，而使與下行惠以爭民，非能持勢者也。（難三篇）

　明主者，使天下不得不爲己視，使天下不得不爲己聽。故身在深宮之中，而明照四海之內，而天下弗能蔽，弗能欺者，何也？闇亂之道廢，而聰明之勢興也。故善任勢者，國安；不知因其勢者，國危。（姦刧弒臣篇）

勢是權力，「任勢」或「持勢」是主張運用勢力來統治國家。這種主張，與主張尚賢的儒墨兩家，根本衝突。所以韓非假設當時非難任勢的人說：

> 夫勢者，非能使賢者用己，而不肖者不用己也。賢者用之，則天下治；不肖者用之，則天下亂。人之情性，賢者寡，而不肖者衆。而以威勢之利，濟亂世之不肖人，則是以勢亂天下者多矣，以勢治天下者寡矣。夫勢者，便治而利亂者也。故周書曰：「毋爲虎傅翼，將飛入邑，擇人而食之。」夫乘不肖人於勢，是爲虎傅翼也。……勢者，養虎狼之心，而成暴亂之事者也，此天下之大患也。勢之於治亂，本末有位也。而語專言勢之足以治天下者，則其智之所至者淺矣。夫良馬固車，使臧獲御之，則爲人笑；王良御之，而日取千里。車馬非異也，或至乎千里，或爲人笑，則巧拙相去遠矣。今以國爲車，以勢爲馬，以號令爲轡銜，以刑罰爲鞭策，使堯舜御之，則天下治；桀紂御之，則天下亂；則賢不肖相去遠矣。夫欲追速致遠，不知任王良；欲進利除害，不知任賢能；此則不知類之患也。夫堯舜，亦治民之王良也。（難勢篇）

韓非對於這種非勢尚勢的說法，分二層加以反駁。第一層說明他所說的「勢」是「人設之勢，」不是「自然之勢，」而「人設之勢，便與賢不相容。」他說：

> 夫勢者，名一而變無數者也。勢必於自然，則無爲言於勢矣。吾所爲言勢者，言人之所設也。今曰：「堯舜得勢而治，桀紂得勢而亂，吾非以舜堯爲不然也。雖然，非人之所得設也。夫堯舜生而在上位，雖有十桀紂不能亂者，則勢治也。桀紂亦生而在上位，雖有十堯舜而亦不能治

者，則勢亂也。故曰：「勢治者者則不可亂，而勢亂則不可治也。」此自然之勢也，非人之所得設也。若吾所言，謂人之所得設也而已矣，賢何事焉？……夫賢之爲勢不可禁，而勢之爲道也無不禁。以不可禁之賢與無不禁之勢，此矛盾之說也。夫賢勢之不相容，亦明矣。（同上）

第二層說明人類中的上智或下愚都屬少數，只有中材最多。爲使中材易於治國計，便須「抱法處勢。」他說：

且夫堯舜桀紂千世而一出，……世之治者不絕於中。……中者，上不及堯舜，而下亦不爲桀紂；抱法處勢則治，背法去勢則亂。今廢勢背法而待堯舜，舜堯至乃治，是千世亂而一治也。抱法處勢而待桀紂，桀紂至乃亂，是千世治而一亂也。（同上）

此層反駁，最爲有力。原來一切說法，須以常人爲前提。若只就極端的事例討論，便爭執不休。爲常人說法，自以「處勢」爲佳。不過「處勢」，還須「抱法」，才能減少流弊。法須待勢而立，也須待勢而行，這是勢的重要處。而「處勢」不可背法，這又是勢的限制處。由此可知韓非不是主張單純的任法，而是主張同時任法的任勢。

韓非又於他處用任勢的主張，批評儒家，如下：

且民者固服於勢，寡能懷於義。仲尼，天下聖人也，修行明道以游海內，海內說其仁，美其義，而爲服役者七十人。蓋貴仁者寡，能義者難也。……魯哀公，下主也，南面君國，境內之民莫敢不臣。民者固服於勢，勢誠易以服人。故仲尼反爲臣，哀公顧爲君；仲尼非懷其義，服其勢也。故以義，則仲尼不服於哀公；乘勢，則哀公臣仲尼。今學者之說人主也，不乘必勝之勢，而曰「務行仁義，則可以王，」是求人主之必及仲尼，而以世之凡民皆如列徒，此必不得之數也。（五蠹篇）

由這種批評，反襯出任勢或運用權力的重要，可算十分「切事情」了。至於法家所說任勢的範圍是「法」，任勢的方法是「術」，留待他章再行詳述。

四　國家的體態

國家的體態，自靜的方面看，是國體問題；自動的方面看，是國勢問題。法家關於國體問題的基本意見，是主張建立君主專制國家以代替貴族封建國家。這個基本意見，是他們一切理論的中心。法家書中所討論的問題，多半屬於所謂法、術、和勢三件事。而此三件事相通之點，卽在建立君主專制國家而已。所以說法家書多研究國體問題，也不算錯。不過法家除注意靜的國體外，同時還注意動的國勢問題。所謂國勢問題，便是國家治亂強弱存亡的問題。法家書中關於這類問題的討論，也非常之多。法家不滿意於當時實際的國勢，要求建立一種新國體，以改造實際的國勢。換句話說，便是用一種新國體的主張，一面批評現國勢，一面創造新國勢。故法家關於國體與國勢兩種問題的討論，多是互相錯綜的，不易劃分來說。本節所以標題「國家的體態，」不標題「國體」的原因，卽在於此。

韓非曾就當時的一般國勢提出四十七種可以致亡的現象，命爲「亡徵」，如下：

一、凡人主之國小家大，權輕而臣重者，可亡。
二、簡法禁而務謀慮，荒封內而恃交援者，可亡。
三、羣臣爲學，門子好辯，商賈外積，小民內困者，可亡。
四、好宮室臺榭陂池，事車服器玩，好罷露百姓，煎靡貨財者，可亡。
五、用時日，事鬼神，信卜筮，而好祭祀者，可亡。
六、聽以爵，不以衆言參驗，用一人爲門戶者，可亡。
七、官職可以重求，爵祿可以貨得者，可亡。
八、緩心而無成，柔茹而寡斷，好惡無決而無所定立者，可亡。
九、饕貪而無饜，近利而好得者，可亡。
十、喜淫刑而不周於法，好辯說而不求其用，濫於文麗而不顧其功者，可亡。
十一、淺薄而易見，漏泄而無藏，不能周密而通羣臣之語者，可亡。
十二、很剛而不和，愎諫而好勝，不顧社稷而輕爲自信者，可亡。
十三、恃交援而簡近鄰，怙強大之救而侮所迫之國者，可亡。
十四、羈旅僑士，重帑在外，上閒謀計，下與民事者，可亡。
十五、民信其相，下不能其上，主愛信之而不能廢者，可亡。
十六、境內之傑不事，而求封外之士，不以功伐課試，而好以名問舉錯，羈旅起貴，以陵故常者，可亡。

十七、輕其適正，庶子稱衡，太子未定，而主卽世者，可亡。

十八、大心而無悔，國亂而自多，不料境內之資，而易其鄰敵者，可亡。

十九、國小而不處卑，力少而不畏強，無禮而侮大鄰，貪愎而拙交者，可亡。

二十、太子已置，而娶於強敵以爲后妻，則太子危，如是而羣臣易慮者，可亡。

二十一、怯懾而弱守，蚤見而心柔懦，知有謂可，斷而弗敢行者，可亡。

二十二、出君在外而國更置，質太子未反而君易子，如是則國携，國携者，可亡。

二十三、挫辱大臣而狎其身，刑戮小民而逆其使，懷怒思恥而專習，則賊生，賊生者，可亡。

二十四、大臣兩重，父兄衆強，內黨外援，以爭事勢者，可亡。

二十五、婢妾之言聽，愛玩之智用，外內悲惋，而數行不法者，可亡。

二十六、簡侮大臣，無禮父兄，勞苦百姓，殺戮不辜者，可亡。

二十七、好以智矯法，時以私雜公，法禁變易，號令數下者，可亡。

二十八、無地固，城郭惡，無畜積，財物寡，無守戰之備而輕攻伐者，可亡。

二十九、種類不壽，主數卽世，嬰兒爲君，大臣專制，樹羈旅以爲黨，數割地以待交者，可亡。

三十、太子尊顯，徒屬衆強，多大國之交，而威勢早具者，可亡。

三十一、變褊而心急，輕疾而易動發，心悁忿而不訾前後者，可亡。

三十二、主多怒而好用兵，簡本教而輕戰攻者，可亡。
三十三、貴人相妬，大臣隆盛，外藉敵國，內困百姓，以攻怨讎，而人主弗誅者，可亡。
三十四、君不肖而側室賢，太子輕而庶子伉，官吏弱而人民桀，如此則國躁，國躁者，可亡。
三十五、藏怒而弗發，懸罪而弗誅，使羣臣陰憎而愈憂懼，而久未可知者，可亡。
三十六、出軍命將太重，邊地任守太尊，專制擅命，徑爲而無所請者，可亡。
三十七、后妻淫亂，主母畜穢，外內混通，男女無別，是謂兩主，兩主者，可亡。
三十八、后妻賤而婢妾貴，太子卑而庶子尊，相室輕而典謁重，如此則內外乖，內外乖者，可亡。
三十九、大臣甚貴，偏黨衆強，壅塞主斷而重擅國者，可亡。
四 十 、私門之官用，馬府之世絀，鄉曲之善舉，官職之勞廢，貴私行而賤公功者，可亡。
四十一、公家虛而大臣實，正戶貧而寄寓富，耕戰之士困，末作之民利者，可亡。
四十二、見大利而不趨，聞禍端而不備，淺薄於爭守之事，而務以仁義自飾者，可亡。
四十三、不爲人主之孝，而慕匹夫之孝，不顧社稷之利，而聽主母之令，女子用國，刑餘用事者，可亡。
四十四、辭辯而不法，心智而無術，主多能而不以法度從事者，可亡。
四十五、親臣進而故人退，不肖用事而賢良伏，無功貴而勞苦賤，如是則下怨，下怨者，可亡。

四十六、父兄大臣，祿秩過功，章服侵等，宮室供養太侈，而人主弗禁，則臣心無窮，臣心無窮者，可亡。

四十七、公壻公孫，與民同門，暴慠其鄰者，可亡。

以上四十七種「亡徵」，俱見韓非子亡徵篇。由此可知法家心目中的許多問題是什麼。而這許多問題又是從君主能否任勢，任法，任術去看出的。要減去這許多問題，只有「服術行法」；要兼併有了這許多問題的國家，也只有「服術行法」。所以韓非又說：

亡徵者，非曰必亡，言其可亡也。夫兩堯不能相王，兩桀不能相亡。亡、王之機，必其治亂、其強弱相踦者也。木之折也，必道蠹；牆之壞也，必道隙。然木雖蠹，無疾風不折；牆雖隙，無大雨不壞。萬乘之主，有能服術行法，以爲亡徵之君風雨者，其兼天下不難矣。（同上）

先秦法家對於國體問題，無系統的分類研究。只仲長氏撰定的尹文子，曾就國勢方面，分國家爲六種，如下：

『凡國之將存亡，有六徵：有衰國，有亂國，有亡國，有昌國，有彊國，有治國。所謂亂亡之國者，凶虐殘暴不與焉。所謂彊治之國者，威力仁義不與焉。君年長，多妾媵，少子孫，疏強宗，衰國也。君寵臣，臣愛君，公法廢，私政行，亂國也。國貧小，家富大，君權輕，臣勢重，亡國也。凡此三徵，不待凶虐殘暴而後弱也，雖曰見存，吾必謂之亡者也。內無專寵，外無近習，支庶繁息，長幼不亂，昌國也。農桑以時，倉廩充實，兵甲勁利，封疆修理，彊國也。上不能勝其下，下不能犯其上，上下不能勝犯，故禁令行，人人無私，雖經險易，而國不可侵，治國也。凡此三徵，不待威力仁義而後強也，雖曰見弱，吾必謂之存者也。』（大道上篇）

以上六種國家，都是分析國勢，不是分析國體。而所謂六種國家的國體，不過只是一種君主專制而已。衰國、亂國、和亡國，是不能實行君主專制的國家。昌國、強國和治國，是能够實行君主專制的國家。

在實際上，君主專制到極端，雖不免有國家與君主兩種觀念混同的流弊，如法國路易十四世所謂「朕卽國家」。然在理論上法家却已明白將國家與君主劃分爲兩種觀念。商君書說：

堯舜之位天下也，非私天下之利也，爲天下位天下也。論賢舉能而傳焉，非疏父子，親越人也，明於治亂之道也。故三王以義親，五霸以法正諸侯，皆非私天下之利也，爲天下治天下。是故擅其名而有其功，天下樂其政而莫之能傷也。今亂世之君臣，區區然皆擅一國之利，而管一官之重，以便其私，此國之所以危也。（修權篇）

愼子書也說：

古者立天子而貴之者，非以利一人也。曰：天下無一貴，則理無由通，通理以爲天下也。故立天子以爲天下，非立天下以爲天子也；立國君以爲國，非立國以爲君也；立官長以爲官，非立官以爲長也。（威德篇）

「立天子以爲天下，非立天下以爲天子，」這將國家與君主區別得何等淸楚。

五　國家的任務

法家關於國家任務的意見：在消極方面，要求極度的治安；在積極方面，要求極度的富強，以造成一種「霸國」或「帝國」。管子說：

民者……被治然後正，得所安然後靜者也。夫盜賊不勝，邪亂不止，強刼弱，衆暴寡，此天下之所憂，萬民之所患也。憂患不除，則民不安其居；民不安其居，則民望絕於上矣。（正世篇）

這是說明國家的消極任務，在建立一種治安，使人民得安居樂業。治安不能建立，便是沒有完成國家的消極任務，人民必怨望政府，反抗政府，甚至推翻政府了。

商君書說：

『治國能摶民力而壹民務者，彊；能事本而禁末者，富。夫聖人之治國也，能摶力，能殺力。制度察，則民力摶，摶而不化則不行，行而無富則生亂。故治國者，其摶力也，以富國彊兵也；其殺力也，以事敵勸農也。』（壹言篇）

這是說明國家的積極任務，在促進富強。國家如何乃能完成這兩重任務——治安與富強呢？法家以爲必須採取干涉主義。管子說：

『治莫貴於得齊。制民急則民迫，民迫則窘，窘則民失其所葆；緩則民縱，縱則淫，淫則行私，行私則離公，離公則難用。故治之所以不立者，齊不得也；齊不得，則治難行。故治民之

齊，不可不察也。』（正世篇）

這是說政治要能齊一人民。齊一便是干涉，不是放任。管子又說：

『欲爲天下者，必重用其國。欲爲其國者，必重用其民。欲爲其民者，必重盡其民力。無以畜之，則往而不可止也；無以牧之，則處而不可使也。遠人至而不去，則有以畜之也。民衆而可一，則有以牧之也。』（權修篇）

「必重用其民，必重盡其民力」，那便是要實行干涉主義。法家用什麼方針去實行「齊民」並「用民」的干涉主義呢？大概不外厲行軍國主義與重農主義，以求治安與富強。商君書說：

『民勇者，戰勝；民不勇者，戰敗。能壹民於戰者，民勇；不能壹民於戰者，民不勇。聖王見王之致於兵也，故舉國而責之於兵。』（畫策篇）

『國之所以興者，農戰也。……善爲國者，其教民也，皆從壹空（空、同孔，壹空、一途也。）而得官爵。……壹，則少詐而重居；壹，則可以賞罰進也；壹，則可以外用也。……惟聖人之治國，作壹，摶之於農而矣已。』（農戰篇）

「舉國責之於兵」，是厲行軍國主義；「作壹摶之於農」，是厲行重農主義。如何「壹民於戰」並「壹民於農」？商君書中討論最詳細，最澈底，別詳商鞅評傳，不具舉。其他法家書雖不像商君書主張軍國主義與重農主義那樣澈底，但也有討論到的，如韓非子說：

『藏書策，習談論，聚徒役，服文學而議說，世主必從而禮之曰：「敬賢士，先王之道也。」

夫吏之所稅，耕者也；上之所養，學士也。耕者則重稅，學士則多賞，而索民之疾作而少言談，不可得也。立節參明，執操不侵，怨言過於耳，必隨之以劍，世主必從而禮之，以爲自好之士。夫斬首之勞不賞，而家鬪之勇尊顯，而索民之疾戰距敵而無私鬪，不可得也。國平則用儒俠，難至則用介士，所養者非所用，所用者非所養，此所以亂也。』（顯學）

這是用軍國主義與重農主義的見地，批評當時的亂象。法家又用什麼標準去實行齊民並用民的干涉主義呢？那就不外法治主義。管子說：

『凡大國之君尊，小國之君卑。大國之君所以尊者，何也？曰，爲之用者衆也。小國之君所以卑者，何也？曰，爲之用者寡也。然則爲之用者衆則尊，爲之用者寡則卑，則人主安能不欲民之衆爲己用也。使民衆爲己用，奈何？曰，法立令行，則民之用者衆矣。法不立，令不行，則民之用者寡矣。故法之所立，令之所行者多，而所廢者寡，則民不誹議；民不誹議，則聽從矣。法之所立，令之所行，與其所廢者鈞，則國無常經；國無常經，則民妄行矣。法之所立，令之所行者寡，而所廢者多，則民不聽；民不聽，則暴人起而姦邪作矣。』（法法）

這是說用民必須「法立令行」。韓非子說：

『明主之國，無書簡之文，以法爲教；無先王之語，以吏爲師；無私劍之捍，以斬首爲勇。是以境內之民，其言談者必軌於法，動作者歸之於功，爲勇者盡之於軍。是故無事則國富，有事則兵強，此之謂「王資」。既畜王資，而承敵國之亹，超五帝，侔三王者，必此法也。』（五蠹）

這是說齊民要任法。關於法家對於法治的意見，在法家理論中爲一重要部分，另詳他章不贅。

總之，法家所說國家的任務，非常廣泛，以軍國主義與重農主義做內容，以干涉主義做手段，以法治主義做標準，而求澈底完成國家的任務。

第八章　法家的法律論

一　法律的意義

中國最先特別提出「法」或「法律」的字樣，作爲政治上一個重要術語的，是法家。法家所謂「法」，與他家不同，另有政治上的特殊意義。分析說來，約有數種：

第一、法是明分止爭的標準。法家以爲未有法以前，人人爭奪，毫無限制，遂成了一種混亂狀態。欲求治安，必須將人民的權利和義務明白確定，這便叫做明分。明分然後可以止爭。法就是明分止爭的標準。商君書說：

『一兎走，百人逐之，非以兎也。夫賣者滿市，而盜不敢取，由名分已定也。故名分未定，堯舜禹湯且皆如鶩焉而逐之；名分已定，貪盜不取。……夫名分不定，堯舜猶將折而姦之，而況衆人乎？此令姦惡大起，人主奪威勢，亡國，滅社稷之道也。』（定分篇）

愼子書說：

『一兎走街，百人追之，貪人具存，人莫之非者，以兎爲未定分也。積兎滿市，過而不顧，非不欲兎也，分定之後，雖鄙不爭。』（逸文）

尹文子書也說：

『名定，則物不競；分明，則私不行。物不競，非無心，由名定，故無所措其心；私不行，非無欲，由分明，故無所措其欲。然則心欲、人人有之，而得同於無心無欲者，制之有道也。』（大道上篇）

以上所引都是說明明分止爭的必要。而明分止爭的標準，便是法。所以管子書說。

『夫法者，所以興功懼暴也；律者，所以定分止爭也；令者，所以令人知事也。』（七主七臣篇）

第二、法是齊衆使民的標準。用法做明分止爭的標準，只能消極維持秩序，尚未能積極增進富強。而法家所特別着重的，實在增進富強，故又以法爲齊衆使民的標準。管子書說：

『夫法者，上之所以一民使下也。私者，下之所以侵法亂主也。故聖君置儀設法而固守之。然故諶杵習士，聞識博學之人，不可亂也；衆彊富貴私勇者，不能侵也；信近親愛者，不能離也；珍怪奇物，不能惑也。萬物百事，非在法之中者，不能動也。故法者，天下之至道也，聖君之實用也。』（任法篇）

『夫聖人之治國，不恃人之爲吾善也，而用其不得爲非也。恃人之爲吾善也，境內不什數；用人不得爲非，一國可使齊。爲治者用衆而舍寡，故不務德而務法。』（韓非子顯學篇）

這是說法是齊衆使民的惟一標準。

第三、法是成文的客觀標準。愼子書說：

『法者，所以齊天下之動，至公大定之制也。故智者不得越法而肆謀，辯者不得越法而肆議，士不得背法而有名，臣不得背法而有功。我喜可抑，我忿可窒，我法不可離也。骨肉可刑，親戚可滅，至法不可闕也。』（佚文）

所謂「至公大正之制」，便是說法是治國的最好客觀標準。這種客觀標準，不以智辯而變，不以喜忿而變，不以親戚而變。何以必須如此？商君書說：

『先王懸權衡，立尺寸，而至今法之，其分明也。夫釋權衡而斷輕重，廢尺寸而意長短，雖察，商賈不用，爲其不必也。』（修權篇）

這是說要有了法的客觀標準，才靠得住。因此法家的法是法定主義，不是擅斷主義。（參閱徐朝陽中國刑法溯源第一篇，第六章）既是法定主義，便必爲成文的，所以韓非子所說法的意義，如下：

『法者，編著之圖籍，設之於官府，而布之於百姓者也。……故法莫如顯。』（難三篇）

『法者，憲令著於官府，賞罰必於民心，賞存乎愼法，而罰加乎姦令者也。』（定法篇）

所謂「編著之圖籍」與「著於官府」，便是成文。所謂「設之於官府，而布之於百姓」，便是公佈。法律之得成爲客觀標準，必在法律成爲公佈的成文法以後。而在秘密的不成文法時代，便無由成爲客觀標準了。

第四、法是因時制宜的標準。法家認定國家的歷史是進化的，自然同時認定治理國家的法律也是進化的。因此法家所謂法，不是一成不變的，而是因時制宜的。原來法家心目中的法，已是賦與了許多新意義的名詞，而其中最要緊的一種新意義，便是法是因時制宜的標準。商君書說：

『禮法以時而定，制令各順其宜。……治世不一道，便國不必法古。』（更法篇）

管子書說：

『民不道法，則不祥。國更立法以典民，則祥。……法者不可恒者也。』（任法篇）

『古之所謂明君者，非一君也。其設賞有厚有薄，其立禁有輕有重，迹行不必同，非故相反也，皆隨時而變，因事而動。』

韓非子書說：

『治民無常，唯法爲治，法與時轉則治，治與世宜則有功。故民樸而禁之以名，則治；世智而維之以刑，則從。時移而法不易者，亂；世變而禁不變者，削。故聖人之治民也，法與時移，而禁與世變。』（心度篇）

以上所引都是說明法要因時制宜。法家雖主張法要因時制宜，並且實行變法，但也不贊成變法太數，使民無所適從。所以韓非子書又說：

『凡法令更則利害易，利害易則民務變，民務變之謂變業。故以理觀之，事大衆而數搖之，則多敗傷；烹小鮮而數撓之，則賊其澤；治大國而數變法，則民苦之。是以有道之君，貴虛靜而重變法。故曰：「治大國者，若烹小鮮。」』（解老篇）

由上說來，法家所謂法，在內容上是明分止爭，齊衆使民的標準；在形式上是成文公佈的標準；

在精神上是因時制宜的標準。這是法家的法律之意義。明瞭了這種意義，然後可進而研究法家任法的理由了。

二　法律的重要

法家認定法律爲治國的唯一客觀標準，所以法律在法家思想中居極重要的地位。簡直可以說，沒有法律便不成爲國家，不依法律便不能統治國家。法家推重法律的說法多端，試節引數段，以見一斑。

『有道之國，法立則私議不行，君立則賢者不尊。民一於君，事斷於法，是國之大道也。』（愼子佚文）

『萬事皆歸於一，百度皆準於法。』（尹文子上篇）

『先王之治國也，不淫意於法之外，不爲惠於法之內也。動無非法者，所以禁過而外私也。威不兩錯，政不二門，以法治國，則舉錯而已。』（管子明法篇）

『明主使其羣臣不遊意於法之外，不爲惠於法之內，動無非法。峻法所以禁過外私也，嚴刑所以遂令懲下也。威不貸錯，制不共門。威制共，則衆邪彰矣。法不信，則君行危矣。刑不斷，則邪不勝矣。故曰：巧匠目意中繩，然必先以規矩爲度；上智捷舉中事，必以先王之法爲比。故繩直而枉木斵，準夷而高科削，權衡縣而重益輕，斗石設而多益寡。故以法治國，舉措而已矣。』

（韓非子有度篇）

所謂「事斷於法」，「百度皆準於法」以，及「以法治　」，都是以法律爲治國的惟一標準。法家何以認定法律如此重要呢？他們所說的理由甚多，試分析加以引證。

第一、法家以爲國家的強弱治亂，繫於任法與否。韓非子說：

『國無常強，無常弱。奉法者強則國強，奉法者弱則國弱。』（有度篇）

『治強生於法，弱亂生於阿。』（外儲說右下）

韓非子又舉史事證明國家強弱治亂與任法的關係說：

『荊莊王幷國二十六，開地三千里；莊王之氓社稷也，而荊以亡。齊桓公幷國三十，啓地三千里；桓公之氓社稷也，而齊以亡。燕昭王以河爲境，以薊爲國，襲涿方城，殘齊，平中山，有燕者重，無燕者輕；昭王之氓社稷也，而燕以亡。魏安釐王攻燕救趙，取地河東，攻盡陶衞之地；加兵於齊，私平陸之都；攻韓拔管，勝於淇下；睢陽之事，荊軍老而走；蔡召陵之事，荊軍破；兵四布於天下，威行於冠帶之國；安釐王死，而魏以亡。故有荊莊、齊桓，則荊齊可以覇；有燕昭魏安釐，則燕魏可以強。今皆亡國者，其羣臣官吏皆務所以亂，而不務所以治也。其國亂弱矣，又皆釋國法而私其外，則是負薪而救火也，亂弱甚矣。故當今之時，能去私曲，就公法者，民安而國治；能去私行，行公法者，則兵強而敵弱。』（有度篇）

第二、法家以爲任法乃能廢私，不任法便不能廢私。私是亂亡的根源，而各種人都有各種私。君主有君主的私，人臣有人臣的私，人民也有人民的私。私之中，無論爲私惠、私智、私議、私利，均足廢法，而使國家趨於亂亡。要廢私便只有任法。所以韓非子說：

『夫立法令者，所以廢私也，法令行而私道廢矣。私者所以亂法也。……故本言曰：「所以治者法也，所以亂者私也，法立則莫得爲私矣。」故曰：道私者亂，道法者治。上無其道，則智者有私詞，賢者有私意，上有私惠，下有私欲。聖智成羣，造言作辭，以非法措於上。上不禁塞，又從而尊之，是敎下不聽上，不從法也。』（詭使篇）

這是認定法和私是不並容的仇敵。管子書也說：

『有道之君者，善明設法，而不以私防者也。而無道之君，既已設法，則舍法而行私者也。爲人上者釋法而行私，則爲人臣者援私以爲公；公道不違，則是私道不違 也。行公道而託其私焉，寖久而不知，姦心得無積乎？』（君臣篇上）

『君壹置則儀，則百官守其法；上明陳其制，則下皆會其度矣。君之置其儀也不一，則下之倍法而立私理者必多矣。是以人用其私，廢上之制，而道其所聞。故下與官列法，而上與君分威，國家之危，必自此始矣。』（法禁篇）

『治世則不然，不知親疏遠近貴賤美惡，以度量斷之，——其殺戮人者不怨也，其賞賜人者不德也。以法制行之，如天地之無私也。是以官無私論，士無私議，民無私說，皆虛其胸以聽於上。上以公正論，以法判斷，故任天下而不重也。今亂君則不然。有私視也，故有不見也。有私聽也，故有不聞也。有私慮也，故有不知也。夫私者，壅蔽失位之道也。上舍公法而聽私說，故羣臣百姓皆設私立方，以教於國，羣黨比周，以立其私，請謁任舉，以亂公法，人用其心，以幸於上，上無度量以禁之，是以私說日益，而公法日損。國之不治，從此產矣。』（任法篇）

這是說君主奉法，則一切人皆奉法；君主行私，則一切人皆行私。法重於私，於此可見。法家為推重法律計，不但反對普通的私，即私議的私，亦在所不許。所以商君書說：

『世之為治者，多釋法而任私議，此國之所以亂也。先王縣權衡，立尺斗，而至今法之，其分明也。夫釋權衡而斷輕重，廢尺寸而意長短，雖察，商賈不用，為其不必也。故法者國之權衡也。夫倍法度而任私議，皆不知類者也。不以法論知能賢不肖者，惟堯，而世不盡為堯。是故先王知自議譽私之不可任也，故立法明分，中程者賞之，毀公者誅之。』（修權篇）

第三、法家認定人治不如法治，以顯示法律的重要。原來戰國以前的實際政治是貴族政治，已有人治的意味。儒墨兩家的理想政治是賢人政治，更有人治的意味。法家對於貴族政治固極端反對，對於賢人政治亦澈底非難。法家所以澈底非難賢人政治的方法，先將人和法分為兩事。尹文子說：

『田子讀書，曰：「堯時太平。」宋子曰：「聖人之治以致此乎？」彭蒙在側，越次答曰：「聖法之治以致此，非聖人之治也。」宋子曰：「聖人與聖法何以異？」彭蒙曰：「子之亂名甚矣！聖人者，自己出也；聖法者，自理出也。理出於己，己非理也；己能出理，理非己也。故聖人之治，獨治者也；聖法之治，則無不治矣。』（聖人篇）

這段故事雖不必是眞實的，記述也不必出於尹文，然確是依據法家思想以分析聖人與聖法之不同，故引證如上。法家旣認淸人和法不同，乃進而推究賢人乃極少數，尙賢不足爲長治久安之計，不如法無論賢愚均可得治。韓非子說：

『且夫堯舜桀紂，千世而一出。……中者上不及堯舜，而下亦不爲桀紂，抱法處勢則治，背法去勢則亂。今廢勢背法而待堯舜，堯舜至乃治，是千世亂而一治也。抱法處勢而待桀紂，桀紂至乃亂，是千世治而一亂也。且夫治千而亂一，與治一而亂千也，是猶乘驥駬而分馳也，相去亦遠矣。』（難勢篇）

尹文子也說：

『禮樂獨行，則私欲寖廢；私欲寖廢，則遭賢之與遭愚，均矣。若使遭賢則治，遭愚則亂，是治亂係於賢愚，不係於禮樂；是聖人之術與聖主而俱歿，治世之法逮易世而莫用，則亂多而治寡。亂多而治寡，則賢無所貴，而愚無所賤矣。』（大道篇）

法家又進而說明，如無法治，縱得賢人，也不足以致治。管子說：

『雖有巧目利手，不如拙規矩之正方圜也。故巧者能生規矩，不能廢規矩而正方圜。雖聖人能生法，不能廢法而治國。』（法法篇）

韓非子也說：

『釋法術而任心治，堯不能正一國。去規矩而妄意度，奚仲不能成一輪。廢尺寸而差長短，王爾不能半中。使中主守法術，拙匠執規矩尺寸，則萬不失矣。君人者能去賢巧之所不能守，中拙之所萬不失，則人力盡而功名立。』（用人篇）

『道法萬全，智能多失。夫懸衡而知平，設規而知圓，萬全之道也。……釋規而任巧，釋法而任智，惑亂之道也。』（飭邪篇）

法家更闡明任人不任法，不足以致治的理由說：

『人主者，非目若離婁，乃爲明也；非耳若師曠，乃爲聰也。不任其數，而待目以爲明，所見者少矣，非不弊之術也。不因其勢，而待耳以爲聰，所聞者寡矣，非不欺之道也。』（韓非子姦刼弑臣篇）

『以一人之力禁一國者，少能勝之。』（韓非子難三篇）

『法雖不善，猶愈於無法，所以一人心也。夫投鈎以分財，投策以分馬，非鈎策爲均也，使得美者不知所以德，使得惡者不知所以怨，此所以塞怨望也。』（愼子威德篇）

『君人者舍法而以心治，則誅賞予奪從君心出矣。然則受賞者雖當，望多無窮；受罰者雖當，望輕無已。君舍法而以心裁輕重，則同功殊賞，同罪殊罰矣，怨之所由生也。是以分馬者之用策，分田者之用鈎，非以鈎策爲過於人智也，所以去私塞怨也。故曰大君任法而弗躬，則事斷於法矣。法之所加，各以其分，蒙其賞罰，而無望於君也。是以怨不生而上下和矣。』（愼子君人篇）

『君之智，未必最賢於衆也。以未最賢，而欲以善盡被下，則不贍矣。若使君之智最賢，以

一君而盡瞻下則勞，勞則有倦，倦則衰，衰則復返於不贍之道也。』（愼子民雜篇）

由上看來，任人不任法，不是做不了，便是做不好。所以法家澈底反對任人。以上是就君主本身賢否加以非難的。至若君主舍法任賢以爲臣下，也在法家反對之列。商君書說：

『凡世莫不以其所以亂者治。故小治而小亂，大治而大亂。……夫舉賢能，世之所以治也，而治之所以亂。世之所謂賢者，言正也；所以爲言正者，黨也。聽其言也，則以爲能；問其黨，以爲然。故貴之，不待其有功；誅之，不待其有罪也。此其勢，正使汚吏有資而成其姦險，小人有資而施其巧詐。初假吏民姦詐之本，而求端慤其末，禹不能以使十人之衆，庸主安能以御一國之民？……故有明主忠臣產於今世，而能領其國者，不可以須臾忘於法。破勝黨任，節去言談，任法而治矣。』（愼法篇）

這是說以黨爲賢，則尚賢更不可靠了。

第四、法家認定治民用仁義不如法律，以顯示法律的重要。儒家鼓吹用仁義治民，而法家則加以非難。商君書說：

『仁者能仁於人，而不能使人仁；義者能愛於人，而不能使人愛；是以知仁義之不足以治天下也。聖人有必信之性，又有使天下不得不信之法。所謂義者，爲人臣忠，爲人子孝，少長有禮，男女有別；非其義也，餓不苟食，死不苟生，此乃有法之常也。聖王者不貴義而貴法，法必明，令必行，則已矣。』（畫策篇）

『夫不待法令繩墨而無不正者，千萬之一也。故聖人以千萬治天下。故夫智者而後能知之，不可以爲法，民不盡智。賢者而後知之，不可以爲法，民不盡賢。』（定分篇）

上引兩節，乃說明仁義沒有強制性，只有少數人能用以自修，而多數人則必須用有強制性的法律以治之。此種理由，韓非子發揮更多。他說：

『且夫以法行刑，而君爲之流涕，此以效仁，非以爲治也。夫垂泣不欲刑者，仁也；然而不可不刑者，法也。先王勝其法，不聽其泣，則仁之不可以爲治，亦明矣。』（五蠹篇）

『若夫賢貞信之行者，必將貴不欺之士；貴不欺之士者，亦無不可欺之術也。布衣相與交，無富厚以相利，無威勢以相懼也，故求不欺之士。今人主處制人之勢，有一國之厚，重賞嚴誅，得操其柄，以修明術之所燭，雖有田常子罕之臣，不敢欺也，奚待於不欺之士？今貞信之士不盈於十，而境內之官以百數，必任貞信之士，則人不足官；人不足官，則治者寡而亂者衆矣。故明主之道，一法而不求智，固術而不慕信，故法不敗，而羣官無姦詐矣。』（同上）

『夫必恃自直之箭，百世無矢；恃自圜之木，千世無輪矣。自直之箭，自圜之木，百世無有一，然而世皆乘車射禽者，何也？隱栝之道用也。雖有不恃隱栝，而有自直之箭，自圜之木，良工弗貴也。何則？乘者非一人，射者非一發也。雖不恃賞罰，而有恃自善之民，明主弗貴也。何則？國法不可失，而所治非一人也。故有術之君，不隨適然之善，而行必然之道。今或謂人曰：「使子必智而壽」則世必以爲狂。夫智，性也；壽，命也；性命者，非所學於人也，而以人之所不能爲說人，此世之所以謂之為狂也。謂之不能然，則是諭也。夫以仁義教人，是以智與壽說人也，有度之主弗受也。故善毛嬙西施之美，無益吾面；用脂澤粉黛，則倍其初。言先王之仁義，無益於治；明吾法度，必吾賞罰者，亦國之脂澤粉黛也。故明主急其功而緩其頌，故不道仁義。』(顯學篇)

由上說來，法律實治國的必要標準。法家只認定法律為治國的標準，後人因稱為「法治主義」。

三 法律的作用

法家分析法律的基本作用，為兩大種：在積極方面是「賞」，在消極方面是「罰」。賞是獎民作為什麼，罰是禁民作為什麼。賞和罰何以能影響人民的作為呢？韓非子說：

『凡治天下，必因人情。人情者有好惡，故賞罰可用，賞罰可用，則禁令可立，而治道具矣。君執柄以處勢，故令行禁止。柄者，殺生之制也。勢者，勝衆之資也。』（八經）

人情無不好利惡害，而賞罰可以使人發生利害關係，故為治可用賞罰以立禁令。禁而不止者，則罰之；令而能行者，則賞之。這便是法律的兩大作用。這兩大作用在其本身上必須如何始能發生實際的功效呢？管子說：

『賞必足以使，威必足以勝，然後下從。……夫民躁而行僻，則賞不可以不厚，禁不可以不重。故聖人設厚賞，非侈也；立重禁，非戾也。賞薄則民不利，禁輕則邪人不畏。設人之所不利，欲以使，則民不盡力；立人之所不畏，欲以禁，則邪人不止。是故陳法出令而民不從。故賞

不足勸，則士民不爲用；刑罰不足畏，則暴人輕犯禁。』（正世）

韓非子也說：

『聖王之立法也，其賞足以勸善，其威足以勝暴，其備足以完法。』（守道）

「賞必足以使，威必足以勝，」和「賞足以勸善，威足以勝暴，」是法家所說賞罰本身上必具的條件。法家多生於戰國的亂世，由「威足以勝暴」的說法，又推出應時之「嚴刑重罰」的主張。管子說：

『凡君國之重器，莫重於令。令重則君尊，君尊則國安。令輕則君卑，君卑則國危。故安國在乎尊君，尊君在乎行令，行令在乎嚴罰。罰嚴令行，則百吏皆恐；罰不嚴，令不行，則百吏皆喜。故明君察於治民之本，本莫要於令。故曰虧令者死，益令者死，不行令者死，留令者死，不從令者死。五者死而無赦，惟令是視。故曰令重而下恐。』（重令）

這是從貫澈法律的實施上，說明重刑的必要。極端注重重刑的人，首推商鞅。今在商鞅書中可以尋出他所以特別主張重刑的理由如下：

『重刑連其罪，則民不敢試。民不敢試，故無刑也。……故禁姦止過，莫若重刑。』（賞刑）

『以刑治則民威，民威則無姦，無姦則民安其所樂。……立君之道，莫廣於勝法；勝法之務，莫急於去姦；去姦之本，莫深於嚴刑。故王者以賞禁，以刑勸，求過不求善，藉刑以去刑。』（開塞）

『行刑，重其輕者；輕者不生，則重者無從至矣。此謂治之於其治也。行刑，重其重者，輕其輕者；輕者不止，則重者無從止矣。此謂治之於其亂也。故重輕，則刑去事成，國彊；重重而輕輕，則刑至而事生，國削。』（說民）

所謂「重其輕者」，和「重輕」，是加重輕罪的意思。輕罪尚且要重刑，重罪自不待說了。「治亂國用重典，」「刑期無刑，」商鞅之所以主張重刑的理由，在此而已。韓非子又就重刑的理由發揮如下：

『夫姦，必知則備，必誅則止；不知則肆，不誅則行。……故明主之治國也，衆其守而重其罪，使民以法禁，而不以廉止。……』（六反）

『法之爲道，前苦而長利；仁之爲道，偸樂而後窮。聖人權其輕重，出其大利，故用法之相忍，而棄仁之相憐也。學者之言，皆曰：「輕刑」，此亂亡之術也。凡賞罰之必者，勸禁也。賞厚，則所欲之得也，疾；罰重，則所惡之禁也急。……是故欲治甚者，其賞必厚矣；惡亂甚者，其罰必重矣。今取於輕刑者，其惡亂不甚也，其欲治又不甚也。此非特無術也，又乃無行。是故決賢不肖愚知之筴，在賞罰之輕重。……』（同上）

『且夫重刑者，非爲罪人也，明主之法也。治賊，非治所殺也；治所殺也者，是治死人也。刑盜，非治所刑也；治所刑也者，是治胥靡也。故曰重一姦之罪，而止境內之邪，此所以爲治也。重罰者盜賊也，而悼懼者良民也，欲治者奚疑於重刑？……』（同上）

『今不知治者，皆曰：「重刑傷民，輕刑可以止姦，何必於重哉！此不察於治者也。夫以重止者，未必以輕止也；以輕止者，必以重止矣。是以上設重刑者，而姦盡止，姦盡止，則此奚傷於民也！所謂重刑者，姦之所利者細，而上之所加焉者大也。民不以小利蒙大害，故姦必止也。所謂輕刑者，姦之所利者大，上之所加焉者小也。民慕其利而傲其罪，故姦不止也。』（同上）

『父母之愛，不足以教子，必待州部之嚴刑者，民固驕於愛，聽於威矣。故十仞之城，樓季弗能踰者，峭也；千仞之山，跛牂易牧者，夷也。故明主峭其法而嚴其刑也。……是以賞莫如厚而信，使民利之；罰莫如重而必，使民畏之；法莫如一而固，使民知之。』（五蠹）

由上看來，可知法家主張「嚴刑峻法」，並非故爲「刻薄寡恩」，實有其不得不如此的充分理由。法家既主張在賞罰的本身上特別加重，以求表現法律的作用；又主張在賞罰的執行上也要非常嚴格，以求完成法律的功效。這個主張，便是所謂「信賞必罰」。「信賞」是說應賞的必定賞，決不失賞，「必罰」是說應罰的必定罰，決不失罰。何者應賞？何者應罰？在法家的主張上，宜一律取決於法律，取決於功罪，不可受喜怒好惡親疏毁譽以及其他種種關係的絲毫影響。如此「賞」才能「信」，「罰」才能「必」。管子說：

『號令必著明，賞罰必信密，此正民之經也。』（法法）

『明君不爲親戚危其社稷，社稷親於戚。不爲君欲變其令，令尊於君。不爲重寶分其威，威貴於寶。不爲愛民虧其法，法愛於民。』（法法）

『以有刑至無刑者，其法易而民全。以無刑至有刑者，其刑煩而姦多。夫先易者後難，先難而後易，萬物盡然。明王知其然，故必誅而不赦，必賞而不遷者，非喜予而樂其殺也，所以爲人致利除害也。』（禁藏）

『治國有三器，亂國有六攻。……三器者，何也？曰號令也，斧鉞也，祿賞也。六攻者，何也？親也，貴也，貨也，色也，巧佞也，玩好也。……明君不爲六者變更號令，不爲六者疑錯斧鉞，不爲六者益損祿賞。故曰，植固而不動，奇邪乃恐。奇革邪化，令往民移。』（版法解）

『形勢不得爲非，則姦邪之人愨愿。禁罰威嚴，則簡慢之人整齊。憲令著明，則蠻夷之人不敢犯。賞慶信必，則有功者勸。』（八觀）

以上所引，是管子書中所說信賞必罰的必要，卽重在不以親貴貨色巧佞玩好等變更賞罰。商君書說：

『明君之使其臣也，用必出於其勞，賞必加於其功。功賞明，則民競於功。爲國而能使其民盡力以競於功，則兵必彊矣。』（錯法）

『民信其賞，則事功成；信其刑，則姦無端。惟明主愛權重信，而不以私害法。』（修權）

『人主之所以禁使者，賞罰也。賞隨功，罰隨罪，故論功察罪，不可不審也。』（禁使）

『聖人之爲國也，壹賞，壹刑……，壹賞則兵無敵，壹刑則令行。……所謂壹賞者，利祿官爵，摶出於兵，無有異施也。……所謂壹刑者，刑無等級。自卿相將軍以至大夫庶人，有不從王令，犯國禁，亂上制者，罪死不赦。有功於前，有敗於後，不爲損刑。有善於前，有過於後，不爲虧法。忠臣孝子有過，必以其數斷。』（賞刑）

由上看來，商鞅對於賞罰要求「信必」的程度，更爲澈底，即賞只限於戰功，而罰則不許有例外。此種求「壹」的主張，對於當時的封建貴族，實是一個大打擊，不僅限制了君主而已。韓非子說：

『明其法禁，必其賞罰，……此必不亡之術也。』（五蠹）

『聖人之治也，審於法禁，法禁明著，則官治；必於賞罰，賞罰不阿，則民用。民用官治則國富，國富則兵強，而覇王之業成矣。』

『有術之主，信賞以盡能，必罰以禁邪，雖有駮行，必得所利。』（外儲說左下）

『功當其事，事當其言則賞；功不當其事，事不當其言則誅。……是故明君之行賞也，曖乎如時雨，百姓利其澤；其行罰也，畏乎如雷霆，神聖不能解也。故明君無偷賞，無赦罰。偷賞，則功臣墮其業；赦罰，則姦臣易爲非。是故誠有功，則雖疏賤必賞；誠有過，則雖近愛必誅。疏賤必賞，近愛必誅，則疏賤者不怠，而近愛者不驕也。』（主道）

『至治之國，有賞罰而無喜怒。』（用人）

『必罰明威，信賞盡能。……愛多者則法不立，威寡者則下侵上，是以刑罰不必，則禁令不行。……賞譽薄而謾者，下不用；賞譽厚而信者，下輕死。』（內儲說上）

『今有功者必賞，賞者不德君，力之所致也。有罪者必誅，誅者不怨上，罪之所生也。民知

誅賞之皆起於身也，故疾功利於業，而不受賜於君。』（難三）

「有功必賞，有過必誅，」這是法家所謂「信賞必罰」的簡明解釋。法家既認定賞罰爲法律的兩大基本作用，所以堅決主張貫澈賞罰，爲爲政的不二法門，而實行「信賞必罰」。因之又堅決的非赦，赦則有所不必罰，必罰則必一無所赦。法家關於非赦的理由很多，玆先節引管子的說法如下：

『民無重罪，過不大也。民無大過，上毋赦也。……故曰：赦出則民不敬，惠行則過日益。惠赦加於民，而囹圄雖實，殺戮雖繁，姦不勝矣。故曰：邪莫如蚤禁之。赦過遺善，則民不勵。有過不赦，有善不遺，勵民之道，於此乎用之矣。』（法法）

『凡赦者，小利而大害者也，故久而不勝其禍。毋赦者，小害而大利者也，故久而不勝其福。故赦者，犇馬之委轡；毋赦者，痤睢（同疽）之礦石也。……文有三侑，武無一赦。惠者，多赦者也，先易而後難，久而不勝其禍；法者，先難而後易，久而不勝其福。故惠者民之仇讎也，法者民之父母也。太上以制制度，其次失而能追之，雖有過，亦不甚矣。』（法法）

韓非子說：

『明君之蓄其臣也，盡之以法，質之以備，故不赦死，不宥刑。赦死宥刑，是謂淫威，社稷將危，國家偏威。』（愛臣）

『小忠，大忠之賊也。若使小忠主法，則必將赦罪以相愛，是與下安矣，然而妨害於治民者也。』（飾邪）

『董閼于爲趙上地守，行石邑山中，見深澗，峭如牆，深百仞，因問其旁鄉左右，曰：「人嘗有入此者乎？」對曰：「無有。」曰：「嬰兒、盲聾、狂悖之人嘗有入此者乎？」對曰：「無有。」「牛馬、犬彘嘗有入此者乎？」對曰：「無有。」董閼于喟然太息曰：「吾能治矣。使吾法之無赦，猶入澗之必死也，則人莫之敢犯也，何爲不治？」』（內儲說上）

商君書說：

『聖人不宥過，不赦刑，故姦無起。』（賞刑）

總說起來，法家認定法律的基本作用在賞罰；主張厚賞重罰，所以加強法律的作用；主張信賞必罰，所以貫澈法律的作用——毋赦，不過在消極方面防止法律作用的不貫澈。必如此然後才能治國，必如此然後才能強國。

四　法律的制行

在法家以前，中國雖未嘗沒有法律，然當時所謂法律，多屬於習慣法。「習慣法」來自歷史的傳統，出於貴族的擅斷，極難有一致的解釋和應用。法家產生以後，乃主張用『制定法』(Positive law) 代替習慣法，使一切歸於法定，這是中國法律上的一大進化。管子說：

『凡將舉事，令必先出，曰：「事將爲。」其賞罰之斆，必先明之。立事者謹守令以行賞罰，計事致令，復賞罰之所加。有不合於令之所謂者，雖有功利，則謂之專制，罪死不赦。首事既

布，然後可以舉事。』（立政）

『使法擇人，不自舉也；使法量功，不自度也。』（明法）

『號令必著明。』（法法）

韓非子也說：

『法者，憲令著於官府。』（定法）

「號令必著明，」「憲令著於官府」，都是要用法律明白規定的意思。法家既主張法律必須明白規定，於是發生法律應由何人或何種機關制定的問題。法律必須由民選的代表機關如國會去制定，是近代才有的新制度，自然不能求之於古代的法家。在春秋戰國時代，法律的適用，既多出自貴族的擅斷，那末這種擅斷，便無異於制定，卽是法律的制定權，在實際上分散於全部的貴族。法家起而極端反對貴族的擅斷，堅決主張將法律的制定權集中到君主手中。這是由貴族政治到君主政治的必然結論。管子說：

『明主之治天下也，威勢獨在於主，而不與臣共；法政獨制於主，而不從臣出。故明法曰：「威不兩錯，政不二門。」』（明法解）

『夫生法者，君也；守法者，臣也；法於法者，民也。』（任法）

商君書說：

『國之所以治者三：一曰法，二曰信，三曰權。法者，君臣之所共操也；信者，君臣之所共

立也；權者，君之所獨制也。……權制獨斷於君，則威。』（修權）

此段所謂「權」，雖統指一般的主權，然法律的制定權，自當包括在內。法家不但主張法律的制定權應集中於君主，卽法律的執行權也主張集中於君主。法律的執行權之中最重要的，是實行賞罰的權力。實行賞罰的權力，在法家的主張必須完全操於君主之手。韓非子說：

『明主之所道制其臣者，二柄而已矣。二柄者，刑德也。何謂刑德？曰：殺戮之謂刑，慶賞之謂德。爲人臣者，畏誅罰而利慶賞，故人主自用其刑德，則羣臣畏其威而歸其利矣。』（二柄）

『賞罰者，邦之利器也。在君則制臣，在臣則勝君。君見賞，臣則損之以爲德；君見罰，臣則益之以爲威。人君見賞，而人臣用其勢；人君見罰，而人臣乘其威。故曰：「邦之利器，不可以示人。」』（喻老）

『君執柄以處勢，故令行禁止。柄者，殺生之制也；勢者，勝衆之資也。廢置無度，則權瀆；賞罰下共，則威分。』（八經）

法家將法律的制定權與執行權通同集中於君主，似不免有君權過重，而啓專恣之弊。然較之從前法權分散於多數貴族，使多數貴族均得專權自恣，尙爲兩害相權，而取其輕，也不能不算是一種進步。法家爲防止君主任意制法計，曾提示以下的意見。

『不法法，則事毋常。法不法，則令不行。令而不行，則令不法也。法而不行，則修令者不審也。……君有三欲於民，三欲不節，則上位危。三欲者，何也？一曰求，二曰禁，三曰令。求必欲得，禁必欲止，令必欲行。求多者其得寡，禁多者其止寡，令多者其行寡。求而不得，則威日損；禁而不止，則刑罰侮；令而不行，則下凌上。故未有能多求而多得者也，未有能多禁而多止者也，未有能多令而多行者也，故曰：「上苛則下不聽，」下不聽而強以刑賞，則爲人上者衆謀矣。爲人上而衆謀之，雖欲無危，不可得也。號令已出又易之，禮義已行又止之，度量已制又遷之，刑法已錯又移之，如是，則慶賞雖重，民不勸也；殺戮雖繁，民不畏也。故曰：上無固植，下有疑心；國無常經，民力必竭，數也。』（法法）

這是說，君主制定法律必須審慎；所必須審慎的，一是要而不苛，二是固而不移。法律既經制定以後，法家主張必須經過公佈的手續，始能實施。管子說：

『凡將舉事，令必先出。』（立政）

韓非子也說：

『法者，編著之圖籍，設之於官府，而布之於百姓者也。……是以明主言法，則境內卑賤莫不聞知也。』（難三）

戰國時代，印刷術尙未發明，法律雖已公佈，而人民未必盡曉，於是法家又提示一種解釋法律的法官制度，以資補救。商君書法：

『爲法令置官置吏……諸官吏及民有問法令之所謂於主法令之吏，皆各以其故所欲問之法令明告之。……故天下之吏民，無不知法令者。……故聖人爲法，必使之明白易知。名正，愚智徧

能知之。爲置法官，置主法之吏，以爲天下師，令萬民無陷於險危。』（定分）

法家既主張法律必須在公佈之後始得實施，於是又指出近代所謂「法律不溯既往」的原則來。管子說：

『令未布，而民或爲之，而賞從之，則是上妄予也，上妄予，則功臣怨，功臣怨，而愚民操事於妄作。愚民操事於妄作，則大亂之本也。令未布而罰及之，則是上妄誅也。上妄誅則民輕生，民輕生則暴人興，曹黨起，而亂賊作矣。』（法法）

賞罰及於法律未公佈以前的行爲，既被斥爲「妄予」，「妄誅」，便是主張「不溯既往」了。

施行法律時，近代有所謂「法律之前一律平等」的原則。中國法家於此原則早經指出，並且主張嚴格遵守。法家之所以改造歷史者在此，法家之所以異於儒家者亦在此。管子說：

『聖君任法而不任智，任數而不任說，任公而不任私，任大道而不任小物，然後身佚而天下治。……君臣上下貴賤皆從法，此謂爲大治。……不知親疏遠近貴賤美惡，以度量斷之，其殺戮人者不怨也，其賞賜人者不德也；以法制行之，如天地之無私也。』（任法）

『凡令之行也，必待近者之勝也，而令乃行。故禁不行於親貴，罰不勝於便辟，法禁不誅於嚴重，而害於疏遠，慶賞不施於卑賤，二三而求令之必行，不可得也。』（重令）

『禁勝於身，則令行於民矣。』（法法）

「君臣上下貴賤皆從法，」「禁必行於親貴，」「禁勝於身，」都是發揮「法律之前一律平等」的原則。法律不但要適用於人民，並且要適用於親貴；不但要適用於親貴，並且要適用於君主本身。所以商鞅又說：

『法之不行，自上犯之。』（史記商君列傳）

愼子也說：

『官不私親，法不遺愛。上下無事，惟法所在。』（君臣）

『智者不得越法而肆謀，辯者不得越法而肆議，士不得背法而有名，臣不得背法而有功。我喜可抑，我忿可窒，我法不可離也。骨肉可刑，親戚可滅，至法不可闕也。』（佚文）

韓非子也說：

『法不阿貴，繩不撓曲。法之所加，智者弗能辭，勇者弗敢爭。刑過不避大臣，賞善不遺匹夫。』（有度）

『不辟親貴，法行所愛。』（外儲說右上）

『治強生於法，弱亂生於阿。』（外儲說右下）

由以上各家的說法看來，法家執行法律的態度，用舊話說，是「鐵面無私，執法如山；」用新話說，是「法律之前，一律平等。」關於實行法律的方法及其功效，韓非子書中曾有一個概括的描寫如下：

『不以智累心，不以私累己。寄治亂於法術，託是非於賞罰，屬輕重於權衡。不逆天理，不傷情性。不吹毛而求小疵，不洗垢而察難知；不引繩之外，不推繩之內；不急法之外，不緩法之內。……禍福生乎道法，而不出乎愛惡。榮辱之責在乎己，而不在乎人。故至安之世，法如朝露，純樸不散，心無結怨，口無煩言。……因道全法，君子樂而大姦止。」（大體）

由此段可知法家實行法律的方法雖主張嚴格，却不甚贊成過於苛細；法家所要求實行法律的功效，不僅在富強，而且在安樂了。

第九章　法家的政府論

一　政府的組織

法家未產生以前，中國的政治制度，是封建分權政治。法家既產生以後，便欲一面推翻封建分權政治，一面建立君主集權政治。這便是法家的政府論之精髓所在。我們要明瞭君主集權政治的組織法與運用法如何，須先略略了解封建分權政治如何。什麼叫做封建？封建就是列爵分土而世治之。列爵乃於天子之下分五等，即公侯伯子男，也即五等諸侯；天子及諸侯又各有卿、大夫、士等世官。自天子以至卿大夫士皆各有分土：諸侯受封於天子，卿大夫士受封於諸侯。列爵分土的等級，大概如下表：

天子	公侯	伯	子	男	上大夫（卿）	下大夫	上士	中士	下士
千里	百里	七十里	五十里	四下大夫	倍上士	倍中士	倍下士	如上農百畝食九人	

這些列爵分土的人們，可通稱為「貴族」。貴族在分土以內，對於土地有所有權，對於人民有統治權，而依宗法世襲之，所以叫做「世治」。天子雖列爵較尊，在名義上為諸侯的「共主」，然在實際上諸侯既有土地所有權與人民統治權，又有軍備和征伐的權力，久而久之，天子竟受制於諸侯，諸

侯又受制於大夫，於是造成一種長期混亂的狀態。恢復封建，以改良現狀，這是當時儒家的政治主張，所以要倡導「法古」。推翻封建，以改造現狀，這是法家的政治主張，所以要實行「變法」。既要變法，則政府的組織與運用方法，自與封建制度不同，於是產生了法家的政府論。本節先說法家關於政府組織的意見。

法家關於政府組織的基本原則，是中央集權的君主制度。君主是國家統治的最高權力機關，也是國家統治的惟一權力機關。所以愼子說：

『民一於君。』（佚文）

『多賢不可以多君，無賢不可以無君。』（佚文）

『立天子者，不使諸侯疑焉（疑、同擬）。立諸侯者，不使大夫疑焉。……疑則動，兩則爭，雜則相傷，害在有與，不在獨也。故臣有兩位者，國必亂；臣兩位而國不亂者，君在也。恃君而不亂矣，失君必亂。……臣疑其君，無不危之國；孽疑其宗，無不危之家。』（德立）

君主不可無，也不可多，只可一而不兩，這便是要將君主抬至最高而且惟一的地位，以便完成中央集權的君主制度。在政府的組織上，宜如何然後君主制度才能完成？照法家的意見有四個要點：第一是以郡縣代替封建。封建是由列爵分土的諸侯去分治，保有半獨立的資格。郡縣則由君主任命的官吏去代治，須直接受君主的監督與指揮。郡縣制度萌芽於春秋，建立於商鞅，完成於李斯。史記秦本紀載：孝公十二年，幷諸小鄉聚，集爲大縣，縣一令，四十一縣。這是商鞅的一個重要變法。秦始皇二十六年丞相綰請立諸侯，李斯反對說道：

「今海內賴陛下神靈一統，皆爲郡縣。諸子功臣，以公賦稅重賞賜之，甚足易制，天下無異意，則安寧之術也。置諸侯不便。』（史記秦始皇本紀）

從此郡縣制度確立，君主的權力可直達於郡縣，不似封建諸侯對於君主之有名無實了。

第二是以經臣代替世官，卽以官僚代替貴族。封建制度自諸侯以至卿大夫士，都是世襲的貴族，所以叫做世官。法家要以一種非世襲的經臣代替世官。什麼叫做經臣？管子說：

『朝有經臣。……何謂朝之經臣？察身能而受官，不誣於上；謹於法令以治，不阿黨；竭能盡力而不尙得，犯難離患而不辭死，受祿不過其功，服位不侈其能，不以無實虛受者，朝之經臣也。』（重令）

這種經臣，就是近代所謂「官僚」。法家對於官僚，主張「選舉賢能，而待之以法。」（管子君臣上）這樣一來，不問賢能，只問世襲的貴族，便在打倒之列了。法家對於一般的貴族固主張打倒，卽對於特殊的貴族，如皇帝的宗室，也主張抑制。所以商鞅的新法，有「宗室非有軍功，論不得爲屬籍」的規定。（見史記商君列傳）因是官僚起而代替貴族，而官僚的任免權又全操於君主之手，官僚便不能像貴族一樣瓜分政權並壟斷政權了。

第三是以軍民分治代替軍民合治。原來的封建諸侯，不但有政權，並且有軍權。諸侯所有軍權的大小，依爵土的等級而分。大概公國或侯國可有三軍，伯國可有二軍，子國或男國可有一軍。而天子也不過有六軍。因此天子的武力不够控制諸侯，有時反要藉強大諸侯來維護天子的名分。封建制度創立於周初，到成王時，便有諸侯作亂，天子無力自行平定，而要令諸侯去代爲平定的故事，如下：

『周成王少時，管蔡作亂，淮夷畔周，乃使召康公命太公曰：「東至海，西至河，南至穆陵，北至無棣，五侯九伯，實得征之。」齊由此得征伐，爲大國。』（史記齊世家）

其後五霸迭起，挾天子以令諸侯，天子只得守府，莫可如何，都由於諸侯具有軍權，而又軍民合治，成爲一種半獨立的國家。法家要使中央的權力，能完全控制地方，於是廢除封建式的軍民合治制度，而代以集權式的軍民分治制度。管子說：

『文政聽屬，武政聽鄉，各保而聽，毋有淫佚者。』（小匡）

「武政聽屬，文政聽鄉，」這便有近代所謂「軍民分治」的意味，也可說是中國最古的軍民分治學說。法家曾將這種學說，在秦國建成一種制度，以代替軍民合治的封建制度，那就是軍爵制度與郡尉制度。秦自商鞅變法後，卽實行將軍爵分爲二十級。自一級至十八級純爲軍官的爵名，雖有軍權，而無政權；十九級關內侯只有爵名，而無分土；二十級徹侯雖有封土，而又不多與人，實際等於設，因此凡有軍爵者，雖有軍權，並不能兼有政權。秦代地方制度爲郡縣二級制，每郡皆設有下列兩種官吏：

1郡守，掌治其郡，秩二千石，有丞。
2郡尉，掌佐守典武職甲卒，秩比二千石，有丞。（見前漢書百官公卿表七上）

郡守是文官，所以治民的；郡尉是武官，所以治兵的。同在一郡，守、尉分權，以實行軍民分治。於是中央便較易於控制地方，而可減少尾大不掉之弊了。

第四是以庶民自由名田制，代替貴族私有井田制。中國封建制度的經濟基礎，是井田制。井田制，從前的人多以爲是一種公有制，而其實只算一種私有制。在井田制之下，土地所有權專屬於少數貴族，用世襲方法由前代傳給後代。而一般庶民不得有土地所有權，只能替貴族代耕其土地，並代服其勞役。可以說貴族是一種世襲的大地主，庶民是一種世襲的勞動者。由此種經濟的階級制度又變成一種政治的階級制度，卽貴族爲整個的統治者，庶民爲單純的被治者。在這種雙重階級制度之下，又演成一種「禮不下庶人，刑不上大夫」的法律階級制度。因此貴族得利用其特權的地位，一面壓迫庶民，致庶民成爲純粹的奴隸；一面搜刮財源，致上下成爲紛爭的狀態。法家是要根本推翻封建制度的，所以對於爲封建制度之基礎的政治及經濟的階級制度也必須加以廢除。商鞅於秦孝公十二年廢井田，開阡陌，使民得自由名田。從此以後，土地制度由貴族私有變成庶民私有，對於土地固是一個大改革，對於庶民也是一個大解放。封建貴族的特權，也從此剝奪盡淨，而便於實行中央集權了。

以郡縣代替封建，以官僚代替貴族，以軍民分治代替軍民合治，以自由名田代替貴族私有——這四項是法家所主張及實行的政府組織法之所以大異於封建制度者。而其總目的，則在完成中央集權，建立君主政治。

關於政府組織的具體系統，已見於實行的，當求之於自孝公至始皇的秦史，茲不具論；其見於理論的，只管子書中略有之，試引說如下：

『天有常象，地有常形，人有常禮，一設而不更，此謂三常。兼而一之，人君之道也；分而職之，人臣之事也。……故曰：君明，相信，五官肅……道德出於君，制令傳於相，事業程於官……主畫之，相守之；相畫之，官守之；官畫之，民役之。……爲人君者，下及官中之事，則有司不任；爲人臣者，上共專於上，則人主失威。是故有道之君，正其德以莅民，而不言智能聰明。智能聰明者，下之職也；所以用智能聰明者，上之道也。上之人明其道，下之人守其職，上下之分不同任，而復合爲一體。……是故歲一言者，君也；時省者，相也；月稽者，官也；……大夫比官中之事，不言其外，而相爲常具以給之，相總要者，官謀士，量實義美，匡請所疑。而君發其明府之法，瑞以稽之，立三階之上，南面而受要。是以上有餘日，而官勝其任。』（君臣上）

『君者執本，相執要，大夫執法，以牧其羣臣，羣臣盡智竭力以役其上。四守者得則治，易則亂，故不可不明設而固守。』（君臣下）

由上看來，管子書中所說中央政府的簡明組織，略如下表：

君——相——五官——羣臣

君爲中央政府的最高首長，總攬大權；相則助君處理一切政務，彷彿有點像近代所謂內閣總理的地位；五官則爲各部大臣。法家雖極力推尊君主，但在實際行政上又主張由丞相代負其責，代任其事。因此丞相制度，在法家的中央政府組織中也是一種最重要的機關，僅次於君主而已。

至地方政府的組織法，就管子書中所說，共有兩種，略有異同，如下：

『分國以爲五鄉，鄉爲之師；分鄉以爲五州，州爲之長；分州以爲十里，里爲之尉；分里以爲十游，游爲之宗；十家爲什，五家爲伍，什伍皆有長焉。』（立政）

列表則爲：

國——鄉（五）——州（五）——里（十）——游（十）——家

自鄉至家共爲五級的地方政府組織，而於都市與鄉村未曾加以區別。其將都市與鄉村加以區分，則有下說：

『管子對曰：「昔者聖王之治其民也，參其國而伍其鄙。」……桓公曰：「參國奈何？」管子對曰：「制國以爲二十一鄉：商工之鄉六，士農之鄉十五。公帥十一鄉，高子帥五鄉，國子帥五鄉。參國，故爲三軍。公立三官之臣：市立三鄉，工立三族，澤立三虞，山立三衡。制：五家爲軌，軌有長；十軌爲里，里有司；四里爲連，連有長；十連爲鄉，鄉有良人；三鄉一帥。」桓公曰：「五鄙奈何？」管子對曰：「制五家爲軌，軌有長；六軌爲邑，邑有司；十邑爲率，率有長；十率爲鄉，鄉有良人；三鄉爲屬，屬有帥；五屬一大夫，武政聽屬，文政聽鄉，各保而聽，毋有淫佚者。」』（小匡）

「參國」的國字，指京都言；「五鄙」的鄙字，指鄉村言。都市制度與鄉村制度略有不同，如下表：（參考梁啓超管子傳）

國—┬—都市制—屬(三鄉)—鄉(十連)--連(四里)—里(十軌)—┬—軌(五家)—家
　　└—鄉村制—屬(三鄉)—鄉(十卒)--卒(十邑)—邑(六軌)—┘

以上兩種地方制度的說法，雖未必全是齊國的實際制度，也未必全是管子自己的言論，但可視爲戰國法家者流關於管子對於地方制度的一種擬託或傳說，故有引證的必要。

二　政府的運用

政府的組織方法，法家既主張根本改變，由封建的貴族專制政體，改變爲集權的君主專制政體，那末，法家關於政府的運用方法，也必與從前大大不同。貴族專制政體，是由貴族全體去專制，故成爲分權式的專制。君主專制政體是由君主一入去專制，故成爲集權式的專制。顧亭林說：「封建，其專在下；郡縣，其專在上。」這可算一語道破貴族專制政體與君主專制政體的根本差別。所以法家所說政府的運用方法，就不外是君主專制方法。這種君主專制的方法，是在兩千多年前，由法家所新創的，討論得非常精詳，幾乎可以說現有先秦法家書籍的內容，大部分都涉論到這一點。法家所說君主專制方法的根本要義不外一面要君主「無爲」，又一面要君主集「勢」，任「法」，並用「術」，以實行統治。現在試爲詳細引證，並解說之。

所謂「無爲」，本是道家的一種說法，而法家取來做君主專制的一種方法。什麼叫做「無爲」？老子說：

『道常無爲而爲不爲。……不欲以靜，天下將自定。』（三十七章）

『聖人之治，虛其心，實其腹；弱其志，強其骨；常使民無知無欲，使夫智者不敢爲也。爲無爲，則無不治。』（三章）

王弼注說：無爲，「順自然也。」這是無爲兩字的本義。法家引申其意說：

『無爲之道，因也。因也者，無益無損也。以其形，因爲之名，此因之術也。名者，聖人之所以紀萬物也。……因也者，舍己而以物爲法者也。感而後應，非所設也；緣理而動，非所取也。過在自用，罪在變化。自用則不虛，不虛則忤於物矣；變化則爲生，爲生則亂矣。故道貴因。因者，因其能者，言所用也。』（管子心術上）

於是「無爲」便變成一種「因術」，——因「形」以爲「名」之術，卽形名參同之術。所以韓非子說：

『虛靜以待之，令名自命也，令事自定也。虛則知實之情，靜則知動者正。有言者自爲名，有事者自爲形，形名參同，君乃無事焉，歸之其情……是故去智而有明，去賢而有功，去勇而有強。羣臣守職，百官有常，因能而使之，是謂習常。故曰：寂乎其無位而處，漻乎莫得其所。明君無爲於上，羣臣悚懼乎下。明君之道：使智者盡其慮，而君因以斷事，故君不窮於智；賢者效其材，君因而任之，故君不窮於能；有功則君有其賢，有過則臣任其罪，故君不窮於名。是故不賢而爲賢者師，不智而爲智者正。臣有其勞，君有其成功，此之謂賢主之經也。』（主道）

由上說來，無爲就是無事。其眞意並不是絕對無爲，也不是絕對無事，不過是要君主責臣下去分任其事，不可自作聰明，親身去爲而已。一面「無爲」的君主，又一面必須「有爲」的臣下；而無爲的君主，更須有方法督責臣下有爲。所以道家在整個政治上的無爲主義，法家只取來做君主專制的一種方法，而歸結仍爲一種有爲主義，不離法家的根本精神。

法家何以主張君主必須「無爲」呢？愼子曾爲詳答如下：

『君臣之道，臣事事而君無事；君佚樂而臣任勞，臣盡智力以善其事，而君無與焉，仰成而已，故事無不治，治之正道然也。人君自任，而務爲善以先下，則是代下負任蒙勞也，臣反逸矣。故曰：君人者好爲善以先下，則下不敢與君爭爲善以先君矣；皆私其所知以自覆掩，有過則臣反責君，逆亂之道也。君之智，未必最賢於衆也，以未最賢而欲以善盡被下，則不贍矣。若使君之智最賢，以一君而盡贍下則勞，勞則有倦，倦則衰，衰則復反於不贍之道也。是以人君自任而躬事，臣則不事事，是君臣易位也，謂之倒逆，倒逆則亂矣。人君苟任臣而勿自躬，則臣皆事事矣。是君臣之順，治亂之分，不可不察也。』（民雜）

國事又多又難，以君主一人的聰明才能與精力時間，不能全做，而做也做不好，反爲臣下所非難；倒不如任臣下去做，君主仰成，還可事無不治。這是就君主方面說，君主有爲不如無爲的理由。

再就臣下方面說，君主有爲也不如無爲。管子說：

『爲人君者，下及官中之事，則有司不任。……是以上及下之事，謂之矯。』（君臣上）

尹知章於上句注說：「下及官中之事，則君奪臣職，故有司不任也；」於下句注說：「及，猶預也。矯，僞也。上預下事，則僞有餘而實不足也。」這是就君主有爲，足使臣下不好有爲，倒不如任臣下有爲，而君主無爲。又有就君主無爲，可以防止臣下揣摩，以說明君主無爲的必要的，那可以舉申子的話作證。申子說：

『上明見，人備之；其不明見，人惑之。其知見，人飾之；不知見，人匿之。其無欲見，人伺之；其有欲見，人餌之。故曰：吾無從知之，惟無爲可以規之。』（韓非子外儲說右上）

君主必須無爲的理由，大概如上。那末，無爲的君主又宜如何使臣下有爲以實行專制呢？照法家的意見說，這便不外勢、法、術三個法寶，商鞅着重任法，申不害着重任術，愼到着重任勢，到韓非，便將法、術、勢三個法寶綜合起來，加以同等的注意。韓非爲愼到辯護任勢的說法，曾作難勢一篇，要點如下：

『世之治者，不絕於中，吾所以爲言勢者，中也。中者、上不及堯舜，而下亦不爲桀紂，抱法處勢則治，背法去勢則亂。今廢勢背法而待堯舜，堯舜至乃治，是千世亂而一治也；抱法處勢而待桀紂，桀紂至乃亂，是千世治而一亂也。』（韓非子難勢篇）

這是由賢與勢的比較，推出任勢的必要。韓非子書中論及任勢的必要的處所尙多，玆不具舉。韓非又作定法篇，批評商鞅、申不害偏重法或術的不當說：

『問者曰：「申不害，公孫鞅，此二家之言，孰急於國？」應之曰：「是不可程也。人不食十日則死；大寒之隆，不衣亦死。謂之衣食孰急於人？則是不可一無也，皆養生之具也。今申不害言術，而公孫鞅言法，術者，因任而授官，循名而責實，操生殺之柄，課羣臣之能者也。此人主之所執也。法者，憲令著於官府，賞罰必於民心，賞存乎愼法，而罰加乎姦令者也。此人臣之所師也。君無術則弊於上，臣無法則亂於下，此不可一無，皆帝王之具也。」』

『問者曰：「徒術而無法，徒法而無術，其不可何哉？」對曰：「申不害，韓昭侯之佐也。韓者，晉之別國也。晉之故法未息，而韓之新法又生；先君之令未收，而後君之令又下。申不害不擅其法，不一其憲令，則姦多。故利在故法前令則道之，利在新法後令則道之。新故相反，前後相悖，則申不害雖十使昭侯用術，而姦臣猶有所譎其辭矣。故託萬乘之勁韓，十七年而不至於霸王者，雖用術於上，法不勤飾於官之患也。」』

『「公孫鞅之治秦也，設告坐而責其實，連什伍而同其罪，賞厚而信，刑重而必。是以其民用力勞而不休，逐敵危而不却，故其國富而兵強。然而無術以知姦，則以其富強也，資人臣而已矣。及孝公、商君死，惠王卽位，秦法未敗也，而張儀以秦殉韓魏。惠王死，武王卽位，甘茂以秦殉周。武王死，昭襄王卽位，穰侯越韓魏而東攻齊，五年而秦不益一尺之地，乃成其陶邑之封；應侯攻韓八年，成其汝南之封。自是以來，諸用秦者，皆應、穰之類也。故戰勝則大臣尊，益地則私封立，主無術以知姦也。商君雖十飾其法，人臣反用其資。故乘強秦之資，數十年而不至於帝王者，法雖勤飾於官，主無術於上之患也。」』（韓非子定法篇）

這是說明法術皆「帝王之具」，不可一無，合勢而言，便成了三大法寶。君主必須集勢、任法並用術，然後才能完成專制；也可說集勢。任法與用術，是君主專制的三種必要方法。就此三種專制方法的本身說，可名爲「帝王之具」；就此三種方法的理論說，也可名爲「帝王之學」。舊日理論的法家，就是「帝王之學」的學者；換句話說，也就是政治學家，或政治思想家。法家關於君主必須集勢的理論，詳見法家的國家論章；關於君主必須任法的理論，詳見法家的法律論章；至關於君主必須用術的理論，則於本章詳述之。

什麼叫做「術」？簡單的說，就是一種方法，——一種統治的方法；分析的說，可分爲數種意義：最廣義的意義，任何方法都可名爲術；廣義的意義，指統治的一切方法；狹義的意義，指集勢及任法以外的統治方法；最狹義的意義，則指權謀術數而已。法家所謂「術」，自廣義至最狹義俱有使用，而隨處不同，未可一概而論。然就法家所特別說明的則有兩種。第一爲「不測之術」。韓非子說：

『管子之所謂言室滿室，言堂滿堂，非特謂遊戲飲食之言也，必謂大物也。人主之大物，非法則術也。法者、編著之圖籍，設之於官府，而布之於百姓者也。術者、藏之於胸中，以偶衆端，而潛御羣臣者也。故法莫如顯，而術不欲見。是以明主言法，則境內卑賤莫不聞知也，不獨滿於室；用術，則親愛近習莫之得聞也，不得滿室。而管子猶曰「言於室滿室，言於堂滿堂，」非法術之言也。』（難三）

仲長氏編定的尹文子也說：

『法不足以治則用術。……術者，人君之所密用，羣下不可妄窺。……人君有術，而使羣下得窺，非術之奧者。……大要在乎先正名分，使不相侵雜，然後術可秘，勢可專。』（大道）

術要「藏之胸中，潛御羣臣。」術要秘用，不使羣下得窺。那末，這種「術」便無異於所謂陰謀或手腕了。然而我在前面稱此爲「不測之術」的緣故，則以此術不但有陰謀的意味，而且有不測的意味。如何而後可以不測呢？那就必須遵守申子所說的「六愼」。申子說：

『愼而言也，人且知女；愼而行也，人且隨女。而有知見也，人且匿女；而無知見也，人且意女。女有知也，人且臧女；女無知也，人且行女。故曰：「惟無爲可以規之。」』（韓非子外儲說右上）

這便是說君主不可隨便表示意向或態度，使羣下得知所趨避。

第二爲「綜核之術。」韓非子說：

『術者，因任而授官，循名而責實，操殺生之柄，課羣臣之能者也。此人主之所執也。……君無術則弊於上。……』（定法）

『人主誠明於聖人之術，而不苟於世俗之言，循名實而定是非，因參驗而審言辭。』（姦刼弑臣）

這種術顯然與第一種不同。他要「因任授官，循名責實，」於是成爲一種綜核之術。說的話是「名」，做的事是「實」。這種名和實必求其一致，以免官吏空言。官位是「名」，官職是「實」。

這種名和實又必求其一致，以免官吏尸位。如此，君主才能統制官吏，而行政效率也可大大增高了。此種術，不但較第一種爲要，而在法家所說的一切術中亦爲最重要者，幾可與勢、法二者等視齊觀。法家名此術爲「形名參同，」或「審合形名，」而在通常則稱爲「綜核名實。」韓非子說：

『用一之道，以名爲首。名正物定，名倚物徙。故聖人執一而靜，使名自正，令事自定。不見其采，下故素正。因而任之，使自事之；因而予之，彼將自舉之；正而處之，使皆自定之。上以名舉之，不知其名，復修其形。形名參同，用其所生。二者誠信，下乃貢情……君操其名，臣效其形，形名參同，上下和調。』（揚搉）

這所謂形卽指官職，所謂名指官位。君操官位的名，臣效官職的形（實或事），而必求其合一，故名爲「形名參同。」韓非子又說：

『人主將欲禁姦，則審合形名，形名者，言與事也。爲人臣者陳而言，君以其言授之事，專以其事責其功。功當其事，事當其言則賞；功不當其事，事不當其言則罰。故羣臣其言大而功小者則罰，非罰小功也，罰功不當名也。羣臣其言小而功大者亦罰，非不說於大功也，以爲不當名也，害甚於有大功，故罰。』（二柄）

這是以言爲「名」，以事爲「實」，而必求其審合，以定賞罰，然後人臣才不致以大言或空言欺君。其他法家亦多言綜核名實的方法，所以法家之學，又稱爲「形名」之學。法家爲求便於綜核名實起見，主張官吏要確定權限，專任責成。韓非子說：

『治國之臣，效功於國以履位，見能於官以授職，盡力於權衡以任事。人臣皆宜其能，勝其官，輕其任，而莫懷餘力於心，莫負兼官之責於君。故內無伏怨之亂，外無馬服之患。明君使事不相干，故莫訟；使士不兼官，故技長；使人不同功，故莫爭。爭訟止，技長立，則強弱不觳力，冰炭不合形，天下莫得相傷，治之至也。』（用人）

『明主之道，一人不兼官，一官不兼事。卑賤不待尊貴而進，大臣不因左右而見。百官修通，諸臣輻輳。有賞者君見其功，有罰者君知其罪。見知不悖於前，賞罰不弊於後，安有不葬之患？』（難一）

所謂「使事不相干，」便是要確定權限，所謂「一人不兼官，一官不兼事，」便是要專任責成。權限不清，責任不明，便無從綜核名實。要綜核名實，自必首須確定權限，專任責成了。

關於實行綜核名實的具體方法，不外嚴格考核成績。管子書中有兩段關於考核方法的敍述，試引如下：

『孟春之朝，君自聽朝，論爵賞校官，終五日；季冬之夕，君自聽朝，論罰罪刑殺，亦終五日。正月之朔，百官在朝，君乃出令布憲於國。五鄉之師，五屬大夫，皆受憲於太史。大朝之日，五鄉之師，五屬大夫，皆身習憲於君前。太史既布憲，入籍於太府，憲籍分於君前。五鄉之師出朝，遂於鄉官致於鄉屬，及於游宗，皆受憲。憲既布，乃反致令焉，然後敢就舍。憲未布，令未致，不敢就舍。就舍謂之留令，罪死不赦。五屬大夫皆以行車朝，出朝，不敢就舍，遂行。

至都之日，遂於廟致屬吏，皆受憲。憲既布，乃發使者致令，以布憲之日蚤晏之時。憲旣布，使者以發，然後敢就舍。憲未布，使者未發，不敢就舍。就舍謂之留令，罪死不赦。憲既布，有不行憲者，謂之不從令，罪死不赦。考憲而有不合於太府之籍者，侈曰專制，不足曰虧令，罪死不赦。首憲既布，然後可以布憲。』（立政）

『正月之朝，鄉長復事，公親問焉，……有司已於事而竣。於是乎鄉長退而修德進賢。桓公親見之，遂使役之官。公令官長，期而書伐以告，且令選官之賢者而復之，……公宣問其鄉里，而有考驗，乃召而與之坐，省相其質，以參其成功成事。可立而時，設問國家之患而不肉；退而察問其鄉里，以觀其所能，而無大過，登以爲上鄉之佐，名之曰「三選」。高子國子退而修鄉，鄉退而修連，連退而修里，里退而修軌，軌退而修家。是故匹夫有善，可得而舉也；匹夫有不善，可得而誅也。……正月之朝，五屬大夫復事於公，擇其寡功者而譙之，曰：「列地分民者若一，何故獨寡功？何以不及人？」教訓不善，政事其不治，一再則宥，三則不赦。公又問焉，……有司已於事而竣，於是乎五屬大夫退而修屬，屬退而修連，連退而修鄉，鄉退而修卒，卒退而修邑，邑退而修家。是故匹夫有善，可得而舉；匹夫有不善，可得而誅。政成國安，以守則固，以戰則強。封內治，百姓親，可以出征四方，立一霸王矣。』（小匡）

綜核名實的最大目的，在求貫澈，求實效。然實行過急，則綜核之術，就不免變成李斯的「督責之術」，似貫澈而缺實效。李斯說：

『夫賢主者，必且能全道而行督責之術者也。督責之，則臣不敢不竭能以徇其主矣。……明主聖王之所以能久處尊位，長執重勢，而獨擅天下之利者，非有異道也，能獨斷而審督責，必深罰，故天下不敢犯也。……若此，然後可謂能明申韓之術，而修商君之法。法修術明，而天下亂者，未之聞也。』（史記李斯列傳）

由此可知李斯所謂「督責之術，」亦本於綜核之術。但以秦二世督責過急過苛，遂不免結怨於官民，爲後來秦代滅亡的一種原因。那末，可見綜核也要得法。

以上已將法家所謂「術」的意義及法家認爲最要之術——綜核之術說明了一個大概。現在再進而研究法家何以主張君主必須用術，而且術又必須操之於君。韓非子說：

『凡術也者，主之所以執也。』（說疑）

這是說君主必須操術。君主何以必須操術，因爲臣下不必可信。韓非子說：

『人臣之於其君，非有骨肉之親也，縛於勢而不得不事也。故爲人臣者窺覘其君心也，無須臾之休，而人主怠傲其上，此世所以有劫君弒主也。爲人主而大信其子，則姦臣得乘於子以成其私，故李兌傅趙王而餓主父。爲人主而大信其妻，則姦臣得乘於妻以成其私，故優施傅麗姬，殺申生而立奚齊。夫以妻之近與子之親，而猶不可信，則其餘無可信者矣。』（備內）

這是說君臣沒有血統的關係，只有權力的關係。血統的關係如親子夫妻，尚且不可信，則權力的關係如君臣，便更不可信了。如果用術，則雖不信的臣下也不要緊。所以韓非子又說：

『今人主處制人之勢，有一國之厚，重賞嚴誅，得操其柄，以修明術之所燭，雖有田常子罕之臣，不敢欺也，奚待於不欺之士？今貞信之士，不盈於十，而境內之官以百數，必任貞信之士，則人不足官；人不足官，則治者寡而亂者衆矣。故明主之道，一法而不求智，固術而不慕信，故法不敗，而羣官無姦詐矣。』（五蠹）

韓非子又舉陽虎的故事，以證實君主須「恃術不恃信，」如下：

『陽虎議曰：「主賢明，則悉心以事之；不肖，則飾姦而試之。」逐於魯，疑於齊，走而之趙，趙簡主迎而相之。左右曰：「虎善竊人國政，何敢相也？」簡主曰：「陽虎務取之，我務守之。」遂執術而御之。陽虎不敢爲非，以善事簡主，興主之強，幾至於覇也。』（外儲說左下）

法家以爲君臣的利害不同：君主利在奉公守法，臣下利在營私成姦。臣下所以成姦的方法，據韓非子所說，約有八種如下：

『一曰同牀。何謂同牀？貴夫人，愛孺子，便僻好色，此人主之所惑也。託於燕處之虞，乘醉飽之時，而求其所欲，此必聽之術也。爲人臣者，內事之以金玉，使惑其主，此之謂同牀。』

『二曰在旁。何謂在旁？曰：優笑侏儒，左右近習，此人主未命而唯唯，未使而諾諾，先意承旨，觀貌察色，以先主心者也。此皆俱進俱退，皆應皆對，一辭同軌，以移主心者也。爲人臣者，內事之以金玉玩好，外爲之行不法，使之化其主，此之謂在旁。』

『三曰父兄。何謂父兄？曰：側室公子，人主之所親愛也。大臣廷吏，人主之所與度計也。

此皆盡力畢議，人主之所必聽也。爲人臣者，事公子側室以音聲子女，收大臣廷吏以辭言，處約言事，事成則進爵益祿，以勸其心，此之謂父兄。』

『四曰養殃。何謂養殃？曰：人主樂美宮室臺池，好飾子女狗馬，以娛其心，此人主之殃也。爲人臣者，盡民力以美宮室臺池，重賦歛以飾子女狗馬，以娛其主而亂其心，從其所欲而樹私利其間，此之謂養殃。』

『五曰民萌。何謂民萌？曰：爲人臣者，散公財以說民人，行小惠以取百姓，使朝廷市井皆勸譽己，以塞其主，而成其所欲，此之謂民萌。』

『六曰流行。何謂流行？曰：人主者，固壅其言談，希於聽論議，易移以辯說。爲人臣者，求諸侯之辯士，養國中之能說者，使之以語其私，爲巧文之言，流行之辭，示之以利勢，懼之以患害，施屬虛辭，以壞其主，此之謂流行。』

『七曰威強。何謂威強？曰：君人者，以羣臣百姓爲威強者也。羣臣百姓之所善，則君善之；非羣臣百姓之所善，則君不善之。爲人臣者，聚帶劍之客，養必死之士，以彰其威，明爲己者必利，不爲己者必死，以恐其羣臣百姓，而行其私，此之謂威強。』

『八曰四方。何謂四方？曰：君人者，國小則事大國，兵弱則畏強兵。大國之所索，小國必聽；強兵之所加，弱兵必服。爲人臣者，重賦歛，盡府庫，虛其國以事大國，而用其威，求誘其君；甚者舉兵以聚邊境，而制歛於內；薄者、數內大使，以震其主，使之恐懼，此之謂四方。』

（八姦）

人臣既如此多方設法營私成姦，君主要塞其私，防其姦，自必得於集勢與任法外，還須用術，然後乃能完成專制的統治。所以韓非子說：

『主用術，則大臣不得擅斷，近習不敢賣重。』（和氏）

『國者，君之車也；勢者，君之馬也。無術以御之，身雖勞猶不免亂。有術以御之，身處逸樂之地，又致帝王之功也。』（外儲說右下）

君主有術才能統治，無術便不能統治，由此可見術對於君主專制的必要了。術於君主專制既如此必要，那末法家所說的術是什麼呢？前面所說「綜核之術」與「不測之術」均爲法家所謂必要之術，除此以外尚有不少的術。籠統的說，法家所說，幾無一非術，故有人總稱法家言爲「帝王之術。」撮要的說，管子書中所謂「九守」，就是九種術如下：

一、主位——安徐而靜，柔節先定，虛心平意以待須。

二、主明——目貴明，耳貴聰，心貴智。以天下之目視，則無不見也；以天下之耳聽，則無不聞也；以天下之心慮，則無不知也。輻輳並進，則明不塞矣。

三、主聽——聽之術，曰：勿望而距，勿望而許。許之則失守，距之則閉塞，高山仰之，不可極也；深淵度之，不可測也。神明之德，正靜其極也。

四、主賞——用賞者貴誠，用刑者貴必。刑賞信必於耳目之所見，則其所不見莫不闇化矣。……

五、主問——一曰天之，二曰地之，三曰人之，四曰上下左右前後，熒惑其處安在。

六、主因——心不爲九竅，九竅治；君不爲五官，五官治。爲善者君予之賞，爲非者君予之罰。君因其所以來而予之，則不勞矣。聖人因之，故能掌之。……

七、主周——人主不可不周。（注：周、謹密也。）人主不周，則羣臣下亂。……

八、主參——一曰長目，二曰飛目，三曰樹明，明知千里之外，隱微之中，曰動姦，姦動則變更矣。

九、督名——修名而督實，按實而定名。名實相生，反相爲情。名實當則治，不當則亂。……（九守）

韓非子書中所謂「三守」，可視爲三種術；所謂「八經」，可視爲八種術；至內外儲說六篇所說，幾都可視爲術；其中明標爲術的，則有七種如下：

一、參觀——「觀聽不參，則誠不聞；聽有門戶，則臣壅塞。」這是說聽言要多方參照，而且不可專由一人通話。

二、必罰——「愛多者則法不立，威寡者則下侵上」。是以刑罰不必，則禁令不行。

三、厚賞——「賞譽薄而謾者，下不用；賞譽厚而信者，下輕死。」

四、一聽——「一聽，則智愚分；責下，則人臣參。」這是說要分別考察人臣。

五、詭使——「數見久待而不任，姦則鹿散；使人問他，則不鬻私。」這是說作姦之人，疑常謁之人受有委任，不敢作姦；官吏的錯誤被君探得，即使人告之，則官吏莫明所以而不敢售姦。

六、挾知——「挾知而問，則不知者至；深知一物，則衆隱皆變。」這是說就已知的去問人，則不知的，人亦告之；若深知一物的實況，則一切情僞必然畢露。

七、倒言——「倒言反事，以嘗所疑，則姦情得。」這是說說反面的話，做反面的事，以試探情僞。

由上看來，法家所說君主的統治術，實在很多，欲知其詳，只有閱讀原書。然其中最要之術，爲綜核名實，這是我們應當牢記的。有了綜核名實的術，然後整個政府乃得切實運用也。

第十章　法家的霸政論

一　霸政的意義

什麽叫做霸政？簡單點說，就是一種尙力的政治。孟子中有一段批評法家的話說：

『以力假仁者霸，……以德行仁者王。……以力服人者，非心服也，力不贍也。以德服人者，中心悅而誠服也，如七十子之服孔子也。』（公孫丑上）

這是用儒家尙德的主張，以批評法家尙力的主張。儒家以爲人和人的關係，要建立在德或仁的基礎上。因而推論到國和民，或國和國的關係，也要同人和人的關係一樣建立在德或仁的基礎上。但是法家認爲國和民或國和國的關係，與人和人的關係截然不同，必須建立在力的基礎上。國和民的關係要建立在力的基礎上，便是國家對內要用權力來統制，而不必要儒家所謂仁或德。所以韓非子說：

『民者固服於勢，寡能懷於義。仲尼，天下聖人也，修行明道以遊海內，海內悅其仁，美其義，而爲服役者七十人。蓋貴仁者寡，能義者難也。……魯哀公，下主也，南面君國，境內之民，莫敢不臣。民者固服於勢，勢誠易以服人。故仲尼反爲臣，哀公顧爲君。仲尼非懷其義，服其勢也。故以義，則仲尼不服於哀公；乘勢，則哀公臣仲尼。今學者之說人主也，不乘必勝之勢，而曰：「務行仁義，則可以王，」是求人主之必及仲尼，而以世之凡民皆如列徒，此必不得之數

也。』（五蠹）

「勢」就是權力。這是法家向儒家針鋒相對的反駁。由此可知師可由道德感化列徒，而國家則必須用權力統制人民。國家用權力統制人民的程度，法家認為必須盡量澈底。所以韓非子又說：

『君之所以治臣者三：一、勢不足以化，則除之。師曠之對，晏子之說，皆舍勢之易也，而道行之難，是與走逐獸也，未知除患。患之可除，在子夏之說春秋也：「善持勢者，早絕其姦萌。」故季孫讓仲尼以遇勢，而況錯之於君乎！是以太公望殺狂矞，而臧獲不乘驥。……』

『賞之，譽之，不勸；罰之，毀之，不畏。四者加焉不變，則除之。』（外儲說右上）

「勢不足以化則除之」，用現在的話說，便是人民須絕對服從國家。韓非子所說太公望殺狂矞的故事，是一個絕對服從的極端例證，如下：

『太公望東封於齊。海上有賢者狂矞，太公望聞之，往請焉，三却馬於門，而狂矞不報見也。太公望誅之。周公旦在魯，馳往止之，比至，已誅之矣。周公旦曰：「狂矞，天下賢者也，夫子何為誅之？」太公望曰：「狂矞議不臣天子，不友諸侯，吾恐其亂法易教也，故以為首誅。今有馬於此，形容似驥也，然驅之不往，引之不前，雖臧獲不託足以旋其軫也。」』（同上）

國家對內須用權力來統制人民，法家已如此澈底的主張。至國和國的關係，也要建立在力的基礎上，便是國家對外要用實力來盡量鬪爭，在國際上，「有強權無公理」，是永遠不變的歷史事實，法家承認這種事實，而極端主張準備實力去從事國際鬪爭。韓非子說：

『古人亟於德，中世逐於智，當今爭於力。……處多事之時，用寡事之器，非智者之備也。當大爭之世，而循揖讓之軌，非聖人之治也。故智者不乘推車，聖人不行推政也。』（八說）

『上古競於道德，中世逐於智謀，當今爭於氣力。齊將伐魯，魯使子貢說之。齊人曰：「子言非不辯也，吾所欲者土地也，非斯言所謂也。」遂擧兵伐魯，去門十里以爲界。故偃王仁義而徐亡，子貢辯智而魯削。以是言之，夫仁義辯智，非所以持國也。去偃王之仁，息子貢之智，循徐魯之力，使敵萬乘，則齊荆之欲不得行於二國矣。』（五蠹）

『力多則人朝，力寡則朝於人，故明君務力。』（顯學）

這是說：當列國競爭的時代，必須用實力來立國，也必須用實力來保國。如不着重準備實力，便有亡國的危險。韓非子如此主張以實力立國，以實力保國，商君書也有同樣的主張。如下：

『民愚，則知可以王；世知，則力可以王。民愚，則力有餘而知不足；世知，則巧有餘而力不足。民之性，不知則學，力盡而服。故神農教耕而王天下，師其知也；湯武致強而征諸侯，服其力也。夫民愚，不懷知而問；世知，無餘力而服。故以愛王天下者，幷刑；力征諸侯者，退德。……武王逆取而貴順，爭天下而上讓；其取之以力，持之以義。今世強國事兼併，弱國務力守，上不及虞夏之時，而下不修湯武。……故三代不四。』（開塞）

強國要用力征，弱國要用力守，可見力對於立國的重要。湯武本是儒家所稱頌的聖王，然在法家看來，湯武之所以得爲聖王，在「取之以力」。有力可爲聖王，無力便爲俘虜，這是國際上的鐵則。所以商君書又說：

『千乘以守者，自存也；萬乘能以戰者，自完也；雖桀爲主，不肯詘半辭以下其敵。外不能戰，內不能守，雖堯爲主，不能以不臣諧所謂不若之國。自此觀之，國之所以重。主之所以尊者，力也』。（愼法）

「力」於國家旣如此重要，那末所謂「力」究竟出自什麼地方呢？依法家看來，最基本的力，便是武力與財力。商君書說：

『耕戰二者，力本。而世主莫能致力者，何也？使民之所苦者無耕，危者無戰。二者，孝子難以爲其親，忠臣難以爲其君。今欲敺其衆民，與之孝子忠臣之所難，臣以爲非劫以刑，而敺以賞莫可。而今夫世俗治者，莫不釋法度而任辯慧，後功力而進仁義，民故不務耕戰。彼民不歸其力於耕，卽食屈於內；不歸其節於戰，則兵弱於外。入而食屈於內，出而兵弱於外，雖有地萬里，帶甲百萬，與獨立平原一也。』（愼法）

耕是財力的源泉，戰是武力的試驗。法家認爲這兩種力極端重要，所以要壹民於農，而構成重農主義；又要壹民於戰，而構成軍國主義了。商君書又推論武力的試驗與國家存亡的關係說：

『名尊地廣以至於王者，何故？戰勝者也；名卑地削以至於亡者，何故？戰罷者也。不勝而王，不敗而亡者，自古及今，未嘗有也。』（畫策）

由此可知戰爭勝負與國家存亡有密切的關係，而務力尚戰爲絕對的必要了。管子書在法家書中是比較溫和的，然而牠也說「霸王」要「務力」。牠說霸王的話如下：

『霸王之形，象天則地，化人易代，創制天下，等列諸侯，賓屬四海，時匡天下，大國小之，曲國正之，強國弱之，重國輕之，亂國幷之，暴王殘之，僇其罪，卑其列，維其民，然後王之。夫豐國之謂霸，兼正之國之謂王。』（霸言）

如何而後可以做到這樣的霸王，那便必須「務力」。所以管子書又說：

『任力有五務。五務者何？曰：君擇臣而任官，大夫任官辯事，官長任事守職，士修身功材，庶人耕農樹藝。君擇臣而任官，則事不煩亂。大夫任官辯事，則舉措時。官長任事守職，則動作和。士修身功材，則賢良發。庶人耕農樹藝，則財用足。故曰，凡此五者，力之務也。夫民必知務然後心一，心一然後意專，心一而意專，然後功足觀也。故曰，力不可不務也。』（五輔）

這是講務力的五種方法。

總說起來，法家以爲立國的根本在力。力之表現於對內的是權力，力之表現於對外的是實力。實力最重要的是武力和財力。對內要用權力盡量統制人民，對外要用實力從事鬭爭。這便是法家所謂霸政的意義。

二　霸政的方略

法家推行霸政的總方略，是一種國家主義。這種總方略，應用於政治上，便成了中央集權的政治制度，也可叫做「政治的國家主義」；應用於軍事上，便成了軍國主義，也可叫做「軍事的國家主義」；應用於經濟上，便成了重農主義與統制經濟，也可叫做「經濟的國家主義」；應用於文化上，便成了統一思想與統一教育的政策，也可叫做「文化的國家主義」。關於法家所創中央集權的政治制度，已於法家的政府論一章論及，故本章但論國家主義在軍事、經濟和文化三方面的應用如何。

法家應用國家主義於軍事方面，有以下的幾種重要改革：第一是軍事權力的集中。原來在封建制度之下，軍事權力多半分散在諸侯手中，致成尾大不掉之勢。法家有鑑於此，主張將軍事權力完全集中於中央政府，而建立一種軍事集權制度。軍隊的統率，完全操於中央政府之手，領兵官長須由中央政府隨時任免，不得世襲兵權，更不得私有兵權。於是在軍事上始形成一個整個的國家，而表現出國家主義的意味。第二種重要改革，是軍事社會的建立。所謂軍事社會的建立，便是將整個社會組織完全軍事化。封建的或宗法的社會組織，是不適於軍事化的。法家主張「舉國而責之於兵」，所以必得將社會組織從新改革，以求適於軍事的需要；即是將整個社會組織改成一種軍事組織。關於此種改革的重要事項，有以下幾種：

一、實行小家庭制——家庭是中國社會組織的單位。此種單位，以宗法的關係，每每成爲一種龐大組織，致家庭各分子失其獨立的價值。法家主張每個成年男子必須盡力國家，所以反對大家庭制，而實行小家庭制。商鞅的新法有一條說：

『民有二男以上不分異者，倍其賦。』（史記商君列傳）

這是用課稅的方法限制大家庭，以便社會組織的單位，多成爲一種小家庭。

二、實行戶口登記法——法家主張必須「重用其民」。然欲「重用其民」，又必須明瞭人民的狀況。欲明瞭人民的狀況，除實行戶口登記外，別無辦法。所以法家創行戶口登記法。商君書說：

『四境之內，丈夫女子皆有名於上，生者著，死者削。』（境內）

『舉民衆口數，生者著，死者削』。（去彊）

「丈夫女子皆有名於上」，便是戶口必須登記。「生者著，死者削，」便是戶口數生產與死亡而有所變動，也須登記起來。這種戶口登記法似已在商鞅時卽曾實行。史記說：

『商鞅之法，舍人無驗者，坐之』。（商君列傳）

留宿客人沒有憑驗，便要坐罪，這非切實實行了戶口登記，無法稽查。由此可以推定當時確曾實行戶口登記。

三、實行社會的軍事組織法——法家主張並且實行將社會組織變成軍事組織，以便一面防兵姦民，一面舉國皆兵。管子中有「作內政而寓軍令」的說法如下：

『桓公曰：「吾欲從事於天下諸侯，其可乎？」管子對曰：「未可。君若欲正卒伍，修甲兵，則大國亦將正卒伍，修甲兵。君有征戰之事，則小國諸侯之臣有守圉之備矣。然則難以速得意於天下。公欲速得意於天下諸侯，則事有所隱，而政有所寓。」公曰：「爲之奈何」？管子對曰：「作內政而寓軍令焉：爲高子之里，爲國子之里，爲公里，三分齊國，以爲三軍。擇其賢民，使爲里君。鄉有行伍卒長，則其制令，且以田獵因以賞罰，則百姓通於軍事矣」。於是乎管子乃制五家以爲軌，軌爲之長；十軌爲里，里有司；四里爲連，連爲之長；十連爲鄉，鄉有良人，以爲軍令。是故五家爲軌，五人爲伍，軌長率之。十軌爲里，故五十人爲小戎，里有司率之。四里爲連；故二百人爲卒，連長率之。十連爲鄉，故二千人爲旅鄉，良人率之。五鄉一師，故萬人一軍，五鄉之師率之。三軍，故有中軍之鼓，有高子之鼓，有國子之鼓。春以田，曰「蒐」，振旅；秋以田，曰「獮」，治兵。是故卒伍政定於旅，軍旅政定於郊。內教既成，令不得遷徙。故卒伍之人，人與人相保，家與家相愛；少相居，長相游；祭祀相福，死喪相恤；禍福相憂，居處相樂；行作相和，哭泣相哀。是故夜戰，其聲相聞，足以無亂；晝戰其目相見，足以相識；驩欣足以相助。是故以守則固，以戰則勝。君有此教士三萬人，以橫行於天下，誅無道以定周室，天下大國之君莫之能圉也。』（小匡）

這種「作內政以寓軍令」的辦法，就是「寓兵於民」，也就是將社會組織變成一種軍事組織，以確立軍國的基礎，並擴大軍國的力量。此種辦法，在管仲當時似已實行，至在商鞅時則確已實行與此辦法相近的什伍制度。史記說：

『卒定變法之令：令民爲什伍，而相收司連坐。不告姦者腰斬，告姦者與斬敵首同賞，匿姦者與降敵同罰』。（商君列傳）

韓非子定法篇也說：

『公孫鞅之治秦也，設告坐而責其實，連什伍而同其罪，賞厚而信，刑重而必。』

這種什伍制度將社會組織完全軍事化，並且比照軍律實行賞罰，較之後世的保甲法更爲嚴緊了。

第三種重要改革是軍事教育的普及。法家既認定軍事的強弱與國家的存亡有密切的關係，所以特別提倡軍事教育。前節所說寓兵於民的方法，固是將社會組織軍事化，同時也是將軍事教育社會化，使其普及到一般民間。此外又用他種方法，普及軍事教育，奬勵尚武精神。商君書說：

『所謂壹教者，博聞辯慧，信廉禮樂，修行羣黨，任譽淸濁，不可以富貴。……雖曰聖知巧佞厚樸，則不能以非功罔上利。然富貴之門，要在戰而已矣。彼能戰者，踐富貴之門；強梗者，有常刑而不赦。是父兄、昆弟、知識、婚婣、合同者，皆曰：「務之所加，存戰而已矣。」夫故當壯者務於戰，老弱者務於守；死者不悔，生者務勸。此臣之所謂壹教也。民之欲富貴也，共闔棺而後止。而富貴之門，必出於兵。是故民聞戰而相賀也，起居飲食所歌謠者，戰也。』（賞刑）

又說：

『彊國之民，父遺其子，兄遺其弟，妻遺其夫，皆曰：「不得，無返」；又曰：「失法離令，若死我死，鄉治之。」行間無所逃，遷徙無所入。行間之治，連以五，辨之以章，束之以令，拙無所處，罷無所生。是以三軍之衆，從令如流，死而不旋踵』。（畫策）

這兩段話，都是主張軍國民教育。在列國競爭時代，普及軍國民教育，實有絕對的必要。若不實施這種教育，則國民性必流於太和平，太畏縮，而兵也無由強盛，必爲他國所征服了。法家明瞭這種道理，所以要厲行軍國民教育，而澈底排斥與此種教育相反的人們。這便叫做「壹教」，也叫做「壹民於戰」。

第四種重要改革，是軍事紀律的信必。法家對於一般紀律，主張「信賞必罰」，已如在法家的法律論章所說，而法家對於軍事紀律的主張更爲澈底，不但要信賞必罰，而且要賞只限於軍功。商君書說：

『所謂壹賞者，利祿官爵，摶出於兵，無有異施也。夫固知愚、貴賤、勇怯、賢不肖，皆盡其胸臆之知，竭其股肱之力，出死而爲上用也。天下豪傑賢良從之如流水，是故兵無敵，而令行於天下。』（賞刑）

有軍功才得賞，無軍功卽不得賞，這便叫「壹賞」。這種「壹賞」的方法，商鞅曾在秦實行，史記說：

『有軍功者，各以率受上爵；爲私鬬者，各以輕重被刑大小。……宗室非有軍功，論不得爲屬籍。……有功者顯榮；無功者，雖富無所芬華』。（商君列傳）

這是用壹賞的方法，獎勵公戰，抑制私鬬。貴族的宗室和有錢的富人，如無軍功也不得受賞。這樣一來，世襲的貴族固失其所以尊貴，新興的富豪也難得光寵了。

因爲有以上四種重要改革的主張——軍事權力的集中，軍事社會的建立，軍事教育的普及與軍事紀律的信必——法家在軍事上的方略，便成了澈頭澈尾的軍國主義。

法家應用國家主義於經濟方面，便成爲富國政策。法家認定「富」是一種國力。要增加國力，必須增加國富；要增加國富，必須增加生產。在先秦主要的生產方法，只有農業一種。所以法家增加國富的方法，不得不爲重農主義。戰國最先講求重農主義的，要推李悝。前漢書說：

『李悝爲魏文侯作盡地力之敎。以爲地方百里，提封九萬頃，除山澤邑居參分去一，爲田六百萬畮。治田勤謹則畮益三升，不勤則損亦如之。地方百里之增減，輒爲粟百八十萬石矣。又曰：「糴甚貴傷民，甚賤傷農。民傷則離散，農傷則國貧。故甚貴與甚賤，其傷一也。善爲國者，使民毋傷而農益勸。……善平糴者，必謹觀歲有上中下熟。……大熟則上糴三而舍一，中熟則糴二，下熟則糴一，使民適足，賈平則止。小饑則發小熟之所斂，大饑則發大熟之所斂而糴之。故雖遇饑饉水旱，糴不貴而民不散，取有餘以補不足也。」行之魏國，國以富強。』（食貨志）

「盡地力」是增加生產的方法，「平糴」是調劑生產的方法。到商鞅更進一步要壹民於農，成爲一種極端的重農主義。史記說：

『僇力本業，耕織致粟帛多者，復其身；事末利及怠而貧者，舉以爲收孥。』（商君列傳）

這是用賞罰的方法，強迫人民一致從事於農。商君書在經濟方面是澈底發揮重農主義的，曾說：

『凡治國者，患民之散而不可摶也，是以聖人作壹，摶之也。國作壹一歲者，十歲強；作壹十歲者，百歲強；作壹百歲者，千歲強，千歲強者王。……惟聖人之治國，作壹，摶之於農而已矣。』（農戰）

韓非子也同商鞅一樣主張極端的重農主義。他說：

『不事力而衣食，則謂之「能」；不戰功而尊，則謂之「賢」。賢能之行成，而兵弱而地荒矣。人主說賢能之行，而忘兵弱地荒之禍，則私行立而公利滅矣。』（五蠹）

『夫好顯巖穴之士而朝之，則戰士怠於行陣；上尊學者，下士居朝，則農夫惰於田。戰士怠於行陣者，則兵弱也，農夫惰於田者，則國貧也。兵弱於敵，國貧於內，而不亡者，未之有也。』（外儲說左上）

『博習辯智如孔墨，孔墨不耕耨，則國何得焉？修孝寡欲如曾史，曾史不戰攻，則國何利焉？』（八說）

由這幾段話看來，可見韓非子以爲除耕戰之士外，一切於國無用，既是一個澈底的軍國主義者，又是一個澈底的重農主義者。

管子書出於後人的雜輯，故在經濟主張上，不像商鞅是一種單純重農主義的思想，而兼有重商主義的思想。管子說：

『明王之務，在於強本事，去無用，然後民可使富。』（五輔）

『不務天時，則財不生；不務地利，則倉廩不盈。野蕪曠則民乃菅，……文巧不禁則民乃……淫。積於不涸之倉者，務五穀也，藏於不竭之府者，養桑麻育六畜也。』（牧民）

由上兩條可知管子有重農主義的意味。然管子又說：

『市也者，勸也；勸者，所以起本。』（侈靡）

『市者，天地之財具也，而萬人之所和而利也。關者，諸侯之陬隧也，而外財之門戶也。』（問）

『市者，可以知治亂，可以知多寡，而不能爲多寡。』（乘馬）

這又似有重商主義的意味。因爲管子書不僅重農，而且重商，所以又有一種通貨與商業的統制政策，以求增加國富。管子說：

『五穀食米，民之司命也；黃金刀幣，民之通施也。故善者執其通施，以御其司命，故民力可得而盡也。……凡五穀者，萬物之主也。穀貴則萬物必賤，穀賤則萬物必貴。兩者爲敵，則不俱平。故人君御穀物之秩相勝，而操事於其不平之間。……夫物多則賤，寡則貴；散則輕，聚則重。人君知其然，故視國之羨不足而御其財物。穀賤則以幣予食，布帛賤則以幣予衣。視物之輕重而御之以准，故貴賤可調，……百乘之國，官賦軌符，乘四時之朝夕，御之以輕重之准，然後百乘可及也。千乘之國封，天財之所殖，械器之所出，財物之所生，視歲之滿虛而輕重其祿，然後千乘可足也。萬乘之國，守歲之滿虛，乘民之緩急，正其號令而御其大准，然後萬乘可資也。』（國蓄）

『善爲國者，守其國之財，湯之以高下，注之以疾徐，一可以爲百，未嘗籍求於民，而使用若河海，終則有始，此謂守物而御天下也。』（輕重丁）

『善爲國者，如金石之相舉，重鈞則金傾，故治權則勢重，治道則勢羸。今穀重於吾國，輕

於天下，則諸侯之自泄，如原水之就下。故物重則至，輕則去。有以重至而輕處者，我動而錯之，天下卽已於我矣。』（揆度）

這是主張用通貨管理和商業國營的政策，以調劑物價，並增加國富。在商業國營政策之下，管子書中所特別提出者，爲『鹽鐵專賣』。管子說：

『桓公問於管子曰：「吾欲藉於臺雉，何如？」管子對曰：「此毀成也」。「吾欲藉於樹木」？管子對曰：「此伐生也」。「吾欲藉於六畜」？管子對曰：「此殺生也」。「吾欲藉於人，何如？」管子對曰：「此隱情也」。桓公曰：「然則吾何以爲國」？管子對曰：「唯官山海爲可耳。……海王之國，謹正鹽筴。……十口之家，十人食鹽；百口之家，百人食鹽。……萬乘之國，人數開口千萬也；禺筴之商，日二百萬。……月，人三十錢之籍，爲錢三千萬。……使君施令曰：吾將籍於諸君吾子，則必囂號。今夫給之鹽筴，則百倍歸於上，人無以避此者，數也。今鐵官之數曰：一女必有一鍼一刀……耕者必有一耒一耜一銚，……行服連軺，輦者必有一斤一鋸一錐一鑿，……不爾，而成事者，天下無有。令鍼之重加一也，三十鍼一人之籍。刀之重加六，……五刀一人之籍也。耜鐵之重加七，三耜鐵，一人之籍也。其餘輕重皆准此而行。然則舉臂勝事，無不服籍者。」』（海王）

「官山海」，便是鹽鐵專賣。行了此種專買，便不必用他種方法課稅於人民，而人民也不感覺納稅的痛苦。這是一種經濟統制的效果。

法家應用國家主義於文化方面，便成爲統一思想與統一教育的政策。當戰國時代，文化上最好的現象是思想解放，處士橫議；最壞的現象，是思想棼亂，莫衷一是。法家以爲要安定國家，必須統一思想與教育；要統一思想與教育，必須排斥私學與私議。所以韓非子說：

『明主之國，無書簡之文，以法爲教；無先生之語，以吏爲師；無私劍之捍，以斬首爲勇。是以境內之民，其言談者必軌於法，動作者歸之於功，爲勇者，盡之於軍。是故無事則國富，有事則兵強，此之謂王資。』（五蠹）

法家所謂法是以獎勵耕戰，圖謀富強爲主要目的。既然主張用「法」做教本，用吏做教師，那末一切私學和私議，便均在排斥之列了。這種主張曾見於實行，卽李斯的焚書坑儒。李斯說：

『今天下已定，法令出一；百姓當家則力農工，士則學習法令辟禁。今諸生不師今而學古，以非當世，惑亂黔首。……古者天下散亂，莫之能一。是以諸侯並作，語皆道古以害今，飾虛言以亂實。人皆善其所私學，以非上之所建立。今陛下並有天下，別黑白而定一尊，私學而相與非法教。人聞令下，則各以其學議之，入則心非，出則巷議；夸主以爲名，異取以爲高，率羣下以造謗。如此弗禁，則主勢降乎上，黨與成乎下。禁之便。臣請史官非秦紀皆燒之；非博士官所職，天下敢有藏詩書百家語者，悉詣守尉雜燒之。有敢偶語詩書，棄市。以古非今者，族。吏見知不舉者，與同罪。令下三十日不燒，黥爲城旦。所不去者，醫藥卜筮種樹之書。若欲有學法令，以吏爲師。』（史記秦始皇本紀）

總說起來，法家統制文化的政策，是以富強做目標，以法令做教材，以官吏做教師，以養成同一理想的國民。如此，則一切私學和橫議，便無自由發展的餘地了。

三　霸政的實施

法家實施霸政有一定的步驟，卽是從外着眼，從內着手，也可叫由內到外。什麼叫做從外着眼？卽是國家要圖生存和發展，必須認淸國際的形勢。國際是繼續不斷的鬪爭。鬪爭的勝負，決於實力，這是國際上永遠不變的實際形勢。法家認淸了這一點，而從內着手做起，那便是實行變法維新，富國強兵，俟有相當成效，再圖向外發展。換句話說，法家實施霸政的第一步驟，在內政，不在外交。韓非子說：

『羣臣之言外事者，非有分於從衡之黨，則有仇讎之忠，而借力於國也。從者，合衆弱以攻一強也；而衡者，事一強以攻衆弱也；皆非所以持國也。今人臣之言……皆曰：「外事、大可以王，小可以安。」夫王者，能攻人者也，而安則不可攻也；強者能攻人者也，而治則不可功也。治強不可責於外，內政之有也。今不行法術於內，而事智於外，則不至於治強矣。鄙諺曰：「長袖善舞，多財善賈」，此言多資之易爲工也。故治強易爲謀，弱亂難爲計。故用於秦者，十變而謀希失；用於燕者，一變而計希得。非用於秦者必智，用於燕者必愚也，蓋治亂之資異也。故周去秦爲從，期年而舉；衛離魏爲衡，半歲而亡；是周滅於從，衞亡於衡也。使周衛緩其從衡之計，而嚴其境內之治：明其法禁，必其賞罰；盡其地力，以多其積；致其民死，以堅其城守；天下得其地則其利少，攻其國則其傷大；萬乘之國，莫敢自頓於堅城之下，而使強敵裁其弊也，此必不亡之術也。舍必不亡之術，而道必滅之事，治國者之過也。智困於外，而政亂於內，則亡不可振也。』（五蠹）

這是說國家圖存的基本要着，在內政不在外交。自然國家圖覇的基本要着，也在內政而不在外交了。內政有了辦法，然後外交便易設計；否則便無一而是了。

又法家實施覇政的第一步驟，在內政，不在軍事。軍事本是法家所注重的，然對外用兵，却主張在整飭內政以後。所以商君書說：

『凡用兵，勝有三等：若兵未起而錯法，錯法而俗成，俗成而用具。此三者必行於境內，而後兵可出也。』（立本）

『凡戰法必本於政勝……兵起而程敵，政不若者勿與戰。……若其政出廟算者，將賢亦勝，將不如亦勝。政久持勝術者，必強至王。若民服而聽上，則國富而兵勝，行是，必久王。』（戰法）

管子也說。

『爲兵之數，存乎聚財，而財無敵；存乎論工，而工無敵；存乎制器，而器無敵；存乎選士，而士無敵；存乎政教，而政教無敵；存乎服習，而服習無敵；存乎徧知天下，而徧知天下無敵；存乎明於機數，而明於機數無敵。故兵未出境，而無敵者八。』（七法）

管子書中的大匡、中匡、小匡三篇，差不多全是說明霸政實施的步驟。大匡篇列擧事實反覆說明「先修內政」的必要；不然，便必是「內政不修，外擧事不濟。」小匡篇所說更爲具體詳細，茲爲節錄如下，以見一斑。

第一步——「參其國，而伍其鄙，定民之居，成民之事，以爲民紀，謹用其六秉。如是而民情可得，百姓可御。」

第二步——「修舊法，擇其善者，擧而嚴用之；慈於民，予無財，寬政役，敬百姓，則國富而民安矣。」

第三步——「作內政而寓軍令，」詳見前引。

第四步——「輕重罪而移之於甲兵，」卽以甲兵贖罪，而充實軍械。

第五步——「治內備外，」卽一面改組政府，一面游觀諸侯。

第六步——反侵地，安四鄰。

這樣一步一步的實施以後，再才出兵征伐，問鼎中原。所以結果能夠「九合諸侯，一匡天下，」而使齊成爲一代的霸國。這個步驟雖是出於後人的追敍，然管仲在齊先修內政，後主對外用兵，却大體是如此的。此外法家可爲這種步驟的具體證明的，似莫過於商鞅。商鞅在秦二十四年中，前十餘年着重變法，後數年乃大舉對外用兵，結果着着收效。由此可見由內而外，或先內後外，是實施覇政必由的步驟。

第十一章　法家的著述考

一　管子書考

（一）管子書的歷史考——管子書雖久經多人考定非管仲所作，（詳下節）然流傳實已起於戰國。韓非子說：

『今境內之民皆言治，藏商管之法者，家有之。』（韓非子五蠹篇）

韓非子所謂「管之法」，或卽是今管子書最初的原本，但無從考證管子書與戰國時的「管之法」究竟異同如何。司馬遷說：

『吾讀管氏牧民，山高，乘馬，輕重，九府，……詳哉其言之也。既見其著書，欲觀其行事，故次其傳。至其書，世多有之，是以不論。』（史記管晏列傳）

牧民等是管子書的篇名。既說「詳哉言之，」又說「其書世多有之，」可見管子書在漢武帝以前已流行，並且內容很多。後來經劉向校定爲八十六篇，乃今管子書最早的校本。劉向說：

『所校讎中管子書三百八十九篇，太中大夫卜圭書二十七篇，臣富參書四十一篇……凡中外書五百六十四，以校除復重四百八十四篇，定著八十六篇，』（見七略別錄逸文）

由四百八十四篇定著爲八十六篇，可見管子書在劉向校定以前非常雜亂，卽所校定的也不免有所混淆了。漢書藝文志依據劉向校定，於道家類中，著錄管子八十六篇。隋書經籍志改列於法家類中，只著錄管子十九卷，而未明言篇數。舊唐書著錄與隋書同，新唐書又只著錄十八卷，較前兩書所錄少了一卷。管子書在隋唐時代除重行分卷外，尚有散逸。管子封禪篇尹知章注說：「元篇亡，今以司馬遷封禪書所載管子言以補之。」這是唐時已有散佚的一個證據。四庫提要說：『李善注陸機猛虎行曰：江邃釋引管子云：「夫士懷耿介之心，不蔭惡木之枝。惡木尚能恥之，況與惡人同處？』今檢管子，近亡數篇，恐是亡篇之內，而邃見之，則唐初已非完本矣。』這是唐時已有散佚的又一證據。

新唐書藝文志法家類有尹知章注管子三十卷，這是管子最早的注本。但自唐以來的通行本，都標明房玄齡注，而不標尹知章注。其所以張冠李戴的原因，據四庫總目提要所說如下：

『唐書藝文志，玄齡注管子不著錄，而所載有尹知章注管子三十卷，則知章本未記名，殆後人以知章人微，玄齡名重，改題之以炫俗耳。』

其實所謂房注，在唐時已有人懷疑。晁氏說：

『杜佑指略云：「唐房玄齡註，……而註頗淺陋，恐非玄齡，或曰尹知章也。」』（見趙本管子評語）

趙用賢也說：

『管子注出房玄齡，或云出唐國子博士尹知章，其訛謬穿鑿，日抄論之甚詳矣。』（見趙本管子凡例）

到清代才論定房注即尹注。尹注管子有下說的變化：

『崇文總目云：「按吳兢書目凡三十卷，今存十九卷，（按宋史亦僅著錄十九卷，）自形勢解篇而下十一卷亡。」文獻通考云：「二十四卷，今本卷數正同。形勢解而上有十九卷，亦與尹本合。蓋形勢解以下十一卷，宋季復出，並爲五卷也。』（見豬飼彥博管子補正題言）

唐時除尹注管子外，尙有杜佑的管氏指略二卷，大約是一種綜合的研究。新唐書和宋史均有著錄。

管子書傳到宋代，卷數又經人改編爲二十四，大約係就尹注分卷而略爲減少。至於篇數雖存目仍有八十四，與劉向校定之篇數相合。但除封禪書已早佚外，尙遺失王言、謀失、正言、言昭、修身、問覇、牧民解、問乘馬、輕重丙、輕重庚等十篇。宋本管子書今已無存，惟清代黃丕烈有影宋本管子，前載宋楊忱序，後載瞿氏書目考訂宋本與明本文句的異同，可以窺見古本管子書的一斑。現四部備要管子，即影印此本，極便購讀。宋史藝文志除著錄管子二十四卷外，尙有丁度管子要略五篇，想是一種綜合的研究，惜今已失傳，不可考云。至管子補注的劉績，已經近人改定爲宋代遼人。

明人對於管子書又重行編校。最著名的要推趙用賢的校刋本。此本尙可於舊書店中購得。浙江圖書館本管子，即全依趙本。趙用賢說：

『管子……近世所傳，往往淆亂至不可讀。余行求古善本，庶幾遇之者，幾二十年，始得之友人秦汝立氏。其大章僅完整，而句字復多糺錯。乃爲正其脫誤者逾三萬言，而闕其疑不可考者，

尙十之二。』（見趙本管子書序）

趙本除改正脫誤外，又將劉績注記於眉端，並間益己意。其次編校管子的，有梅士享銓敍管子成書十五卷。此書卷數視舊本減少，原書已不可考，惟四庫書目有其存目，管子評注間引其評語。

明人注釋管子的，又有朱長春的管子榷二十四卷。朱養和於明天啓年間，依據趙本，將舊注，劉績補注，朱長春通演（按卽管子榷），沈鼎新、朱養純參評合輯爲管子評注一書，並加以圈點。此書除注釋外，尙有文評。除上舉各人的注評外，尙有唐以來各家的評語分注於眉端，實爲一種集解，在舊本中當爲善本。清代有翻印本，現尙可購得。

入淸代後，因考證學特別發達，前後校釋管子文義的名家很多。其最著的有下列各家：

一、戴望管子校正二十四卷，有單印本。
二、洪頤煊管子義證八卷，有單印本。
三、王念孫管子雜志十二卷，見讀書雜志中。
四、俞樾管子評議六卷，見諸子評議中。
五、宋翔鳳管子識誤，見中國學會周秦諸子校注十種。
六、章炳麟管子餘義一卷，見章氏叢書。
七、金廷桂管子參解三卷。
八、王治薗管子地員篇注四卷。

九、弟子職：莊述祖，集解一卷；洪亮吉，箋釋一卷；任文田，集注一卷；孫同元，注一卷；許瀚，正音一卷；鍾廣，音誼一卷；王筠，正音一卷；桂文燦，解詁一卷。

此外如孫詒讓的札迻和張文虎的舒藝室隨筆等書，對於管子均有所校正，詳見聞一多等的管子集校。各家對於管子的校釋雖如此之多，但相異之點也不少。如不加以綜合的整理，實不便於初學。

近人對於管子書的研究，尚有數事可說：第一是梁啓超的管子傳。（原編列中國六大政治家第一編，又飲冰室叢著亦收入）此傳雖是「據管子以傳管子，」不免有誤認管子思想之弊，然用新眼光和新方法對於管子書中的政治經濟思想，加以系統研究，實一空前之作。梁氏對於管子文義的校釋，雖自認不免有所「武斷」，然亦有正確的，可資參考。第二是唐敬杲選注的管子。（商務印書館學生國學叢書）此書選取管子全書二十篇，根據各家考證，加以詁釋，訂正，並註音讀，分段標點，最適於初學。第三是尹桐陽的管子新釋，此書重新詮釋管子，間有可取，但於文句的譌誤脫逸，未多加考正，是一缺點。第四是羅根澤的管子探源。此書考證管子書各篇的來源極詳，留待下節再說。此外近人對於管子文義的零星校釋，尚不少，姑從略。

日本漢學者校釋管子書最著名者：第一是豬飼彥博（按卽敬所）的管子補正二卷。此書以元沖原本爲本，參校諸本，訂正脫誤二千字，補正注解也不少。第二是安井衡的管子纂詁二十四卷。此書依據元本，復校趙本，並匯集自唐尹注至明各家評注加以考訂簡裁，而益以新釋，成爲一種集解。

由上說來，管子書始傳於戰國，定著並著錄於漢代，注釋於唐明，重新考證於近代。以其流傳甚久，既有散佚，又有脫誤，欲使全書易讀，尚須再行考訂，綜合校釋云。

（二）管子書的內容考——現有管子書無論為宋本（楊忱序本），元本（安井衡纂詁本），或明本（趙用賢校本），雖文句間有出入，而內容大體均相同。自漢代著錄以來，即標名齊管仲撰。然在晉時已有人懷疑管子書非盡出於管仲。晉傅玄說：「管子之書，半是後之好事者所加。」（劉恕通鑑外紀引文）唐孔穎達說：「輕重篇或是後人所加。」（趙本管子文評）杜佑說：「其書載管子將沒對桓公之語，疑後人續之。」（同上）至宋代懷疑管子書的人更多，試略舉於下：

葉水心說：「管子非一人之筆，亦非一時之書，莫知誰所為。以其言毛嬙、西施、吳王好劍推之，當是春秋末年。又持滿定傾，不為人客等，亦種蠡所遵用也。」（水心集）

朱子說：「管子非管仲所著。其書想是戰國時人收拾仲當時行事語言著之，並附以他書。」（朱子語錄）

周敦儀說：「管子一書，雜說所叢。」（周氏涉筆）

黃震說：「管子書不知誰所集，乃龐雜重複，似不出一人之手。」（黃氏日抄）

明人懷疑管子書的，有宋濂、朱長春等，其說如下：

宋濂說：「是書非仲自著也。其中有絕似曲禮者，有近似老莊者，有論覇術而極精微者，或小智自私而其言卑汙者，疑戰國時人采掇仲之言行，附以他書成之。」（諸子辨）

朱長春說：「周道衰詘，至於戰國，而祖伯賤王大甚。天下有口游談長短之士，都用社稷。管仲爲大宗，因以其說，系而附之，以干時主，獵世資。田齊之君，亦自以席桓公敬仲祖烈爲最勝，誇一世而存雄。故其書雜者，半爲稷下大夫坐議泛談，而半乃韓非李斯襲商君以黨管氏，遂以借名行之者也。故其書有春秋之文，有戰國之文，有秦先周末之文，其體立辨。……多僞而不可信。」（管子序）

入清以後，姚際恆古今僞書考將管子書列入「眞書雜以僞者」之中。紀昀的四康提要也以爲管子書是眞僞雜糅。該書說：

『管子非一人之筆，亦非一時之書……今考其文，大抵後人附會，多於仲之本書。其他姑無論，卽仲卒於桓公之前，而篇中處處稱桓公，其不出仲手，已無疑義矣。書中稱經言者九篇，稱外言者八篇，稱內言者九篇，稱短語者十九篇，稱區言者五篇，稱雜篇者十一篇，稱管子解者五篇，稱管子輕重者十九篇，意其中孰爲手撰？孰爲記其緒言？如「語錄」之類；孰爲述其軼事？如「家傳」之類；孰爲推其義旨？如箋疏之類；當時必有分別。觀其五篇明題管子解者可以類推，必由後人混而一之，致滋疑竇耳。』

陳澧東塾讀書記以管子爲「一家之書而有五家之學」——道、法、儒、名、農。胡適推衍其說，斷爲全部假造。他說：

『管子這書，定非管仲所作，乃是後人把戰國末年一些「法家」的議論，和一些「儒家」的議論——如內業篇弟子職篇——和一些「道家」的議論——如白心心術等篇——還有許多夾七夾八的話，併作一書；又僞造了一些桓公與管仲問答諸篇，又雜凑了一些紀管仲功業的幾篇；遂附會爲管仲所作。』（見中國哲學史）

於是眞僞難糅說一變而爲全部僞託說，近人多主之，如黃雲眉古今僞書考補證，卽爲一例。不過近人既多證實管子全書都係出於僞託，又進而推究僞託的原因和時代，以明此書的本來價値，並不因其出於僞託，遂完全屛棄。

就僞託的原因加以說明的，莫要於劉咸炘的子疏。他說：

『管子時無著書之事，亦無道家法家之名。牧民之張四維，大匡之處四民，誠管氏之可稱者。變執虛而爲侒動，假禮義以求富強，霸者之道，固當爲管氏之本術。霸功既爲時所重，學術亦流衍而失眞。既變虛執，則陰行之說，自必同於計范。既盡富強，則耕戰之說，自必同於李商。既變執虛，盡富強，則立法之說，自必同於申愼。故聖道之降爲諸子，霸術實爲之中樞。學既流衍，學者遂託管仲爲始祖，而推衍其說，多非仲之本旨矣。今讀其書，祗爲道家法家而已，不必問仲是非仲也。』

就僞託的時代加以考證的，莫詳於羅根澤的管子探源。他說：

『管子八十六篇，今亡者才十篇，在先秦諸子，裒爲巨帙，遠非他書所及。……各家學說保存最夥，詮發甚精，誠戰國秦漢學術之寶藏也。……不揣檮昧，按之本篇，稽之先秦兩漢各家之書，參以前人論辨之言，爲管子探源八章，附錄三篇。橫分某篇爲某家，縱分某家屬某時。信以傳信，疑以傳疑。然後治學術史者，可按時編入，治各種學術史者，亦得有所參驗。』

他所考定各篇的思想和時代如下：

一、經言九篇：

牧民第一，戰國政治思想家作。

形勢第二，同上。

權修第三，秦漢間政治思想家作。

立政第四，戰國末政治思想家作。

乘馬第五，同上。

七法第六，戰國末爲孫吳申韓之學者所作。

版法第七，似亦戰國時人作。

幼官第八，秦漢間兵陰陽家作。

幼官圖第九，漢以後人作。

二、外言八篇：

五輔第十，戰國政治思想家作。

宙合第十一，戰國末陰陽家作。

樞言第十二，戰國末法家緣道家爲之。
八觀第十三，西漢文景後政治思想家作。
法禁第十四，法法第十六，並戰國法家作。
重令第十五，秦末漢初政治思想家作。
兵法第十七，秦漢兵家作。

三、內言九篇：

大匡第十八，戰國人作。
中匡第十九，疑亦戰國人作。
小匡第二十，漢初人作。
王言第二十一，亡、疑戰國中世以後人作。
霸形第二十二，霸言第二十三，並戰國中世後政治思想家作。
問第二十四，戰國政治思想家作。
謀失第二十五，亡、無考。
戒第二十六，戰國末調和儒道者作。

四、短語十八篇：

地圖第二十七，最早作於戰國中世。

參患第二十八，漢文景以後人作。
制分第二十九，疑戰國兵家作。
君臣上第三十，君臣下第三十一，並戰國末政治思想家作。
小稱第三十二，戰國儒家作。
四稱第三十三，疑亦戰國人作。
正言第三十四，亡、無考。
侈靡第三十五，戰國末陰陽家作。
心術上第三十六，心術下第三十七，白心第三十八，並戰國中世以後道家作。
水地第三十九，漢初醫家作。
四時第四十，五行第四十一，並戰國末陰陽家作。
勢第四十二，戰國末兵陰陽家作。
正第四十三，戰國末雜家作。
九變第四十四，疑戰國以後人作。

五、區言五篇：

任法第四十五，明法第四十六，並戰國中世後法家作。
正世第四十七，治國第四十八，並漢文景後政治思想家作。

內業第四十九，戰國中世以後混合儒道者作。

六、雜篇十三篇：

封禪第五十，漢司馬遷作。

小問第五十一，輯戰國關於管仲之傳說而成。

七臣七主第五十二，戰國末政治思想家作。

禁藏第五十三，戰國末至漢初雜家作。

入國第五十四，九守第五十五，桓公問第五十六，並疑戰國末年人作。

度地第五十七，漢初人作。

地員第五十八，疑亦漢初人作。

弟子職第五十九，疑漢儒家作。

言昭第六十，修身第六十一，問霸第六十二，並亡，無考。

七、管子解五篇：

管子解五篇，並戰國末秦未統一前雜家作。

八、輕重十九篇：

輕重十九篇，並漢武昭時理財學家作。

由羅氏的考證，可確證葉氏所說「管子非一人之筆，亦非一時之書。」各家均假託管子以申其說，故內容非常複雜，兼含各家之說，自戰國至漢代漸次附益而成，故編次有八類，不宜視爲一家。八十六篇中可認爲純法家語的有七法、法禁、法法、重令、任法、明法、明法解等；其次所謂「政治思想家作」者也多近法家語，而以道家語爲其基本原則，故漢志以管子列於道家。管子雖非管仲所作，然書中所含各家的學說，如法家學說，在討論法家時，亦應收入在內。

二　商君書考

（一）商君書的歷史考——中國古書最先論及商君書的，當推韓非子。韓非子說：

『今境內之民皆言治，藏商管之法者家有之，而國愈貧，言耕者衆，執耒者寡也。』（五蠹）

此文所謂「商之法」，在戰國末年既很流行，自必有一種關於商君的書，是無待再證的。那種「商之法」的內容，在今日雖無從詳考，但可斷定可以代表商君的思想和事業。因爲戰國末年去商君之死，不過百餘年，是不好完全僞託的。今本的商君書也多與商君的思想和事業相近，由此推想，戰國末年所謂「商之法」，或者就是今本商君書的最初原本，不過尚未能十分斷言耳。

司馬遷的史記對於商君書有下列的評論：

『余嘗讀商君開塞耕戰書，與其人行事相類。』（商君列傳）

開塞、耕戰是今本商君書的兩個篇名。在漢初，商君書的書名與詳目，雖無從考定，但由司馬遷的評論，可以推定當時確有這種書。到劉向等校中秘書，有兩種關於商君的書，並著錄於七略，班固又依之著錄於漢書藝文志如下：

法家：商君二十九篇；

兵權家：公孫鞅二十七篇。

法家類的商君，是劉向校定的；兵權家的公孫鞅，是任宏校定的。本來商鞅既是法家，又是兵權家，所以前漢流行關於商鞅的書有這兩種，而爲劉向與任宏所分別校定，並見於著錄。兵權家的公孫鞅久佚，現所殘存的，惟法家的商君而已。

商君傳到三國時代，便有人稱爲商君書。隋唐時代又有人分爲五卷，著錄於隋唐書經籍志。宋元時代於篇數迭有所佚。自明迄今，所殘存的篇數，只有二十四，而字句也脫誤甚多，極爲難讀。

商君書的文字既脫誤難讀，而舊日儒者又多拘於成見，不肯用心去讀，所以埋沒在舊書堆中很久了。到清代漢學家如嚴萬里、孫星衍、孫馮翼、俞樾、錢熙祚、嚴可均、孫詒讓諸氏先後校正文字，使是書略略可讀。而梁啓超又將商君列爲中國六大政治家之一，由麥孟華新作專傳，盡洗成見，於是商鞅的思想和事業，復漸漸爲人所推重了。

民國以後，學者對於商君書的研究工作，已由文字的校正，進到文義的注釋，並且先後有專書出版如下：

一、王時潤商君書斠詮，民國四年，自行出版，已絕版。

二、朱師徹商君書解詁，民國十年，廣益書局出版。

三、簡書商君書箋正，民國二十年，民智書局出版。

四、陳啓天商君書校釋，民國二十四年，商務印書館出版。

以上四書，以解詁或校釋最適於初學。

(二)商君書的內容考——本書現存二十四篇，外加佚文一篇，共二十五篇。此二十五篇的內容，大部分屬於法家言，而且與商鞅的思想和事業最相近，故舊題商鞅撰。然自宋黃震懷疑商君書出於鞅手以來，即先後有人從該書中舉出一部分的證據，以斷定爲出於後人假託。現存商君書爲劉向所校定，非鞅所手定，自是事實。然謂其中各篇全係出於後人假託，也未必合於事實。須知商君書自戰國至漢代經過兩三百年的流傳，自不免有些攙雜，但不能以有所攙雜，即斷定全部是假書。我們宜就各篇分別分析，看看各篇的內容究竟如何，然後再試斷那一篇近眞，那一篇全假。現將我試行分析的結果列表如下：

商君書各篇分析表

篇名	體裁	出於何人	時代	備考
更法	記敘	後人記述	戰國	
墾令	說明	自撰		

農戰	論說	後人推衍	戰國	同鞅思想
去彊	雜錄	後人節錄	戰國或西漢	不成篇章
說民	論說	疑自撰		
算地	奏稿	後人假託	戰國	兼有申說
開塞	論說	疑自撰		
壹言	論說	後人推衍	戰國	
錯法	同上	同上	同上	
戰法	同上	疑自撰		
立本	同上	同上		
兵守	同上	同上		
靳令	同上	後人假託	西漢	多襲韓非
修權	同上	疑自撰		
徠民	奏稿	他人撰	戰國	漢人誤入

賞刑	奏稿	疑自撰		
畫策	論說	後人假託	戰國	
境內	法令	自撰		
弱民	雜錄	後人假託	戰國或西漢	
外內	論說	同上	西漢	
君臣	奏稿	疑自撰		
禁使	同上	同上		
愼法	同上	同上		
定分	記敍	後人記述	戰國	

關於商君書的歷史與內容，在拙著商鞅評傳（商務出版）中有詳細的考證，故本書不多贅。

三　申子書考

（一）申子書的歷史考——申子書最先著錄的，當推史記。史記老莊申韓列傳說：

『申子之學，本於黃老，而主刑名，著書二篇，號曰申子。』

『申子韓子皆著書傳於後世，學者多有。』

『申子卑卑，施之於名實。』

司馬遷時所見申子書，尚只二篇。但到劉向別錄則說：

『今民間所有上書二篇，中書六篇，皆合二篇，已過太史公所記也。』（見史記本傳集解引文）

又說：

『申子六篇，學號刑名，刑名者循名以責實。其尊君抑臣，崇上抑下，合於六經。』（見七略別錄佚文）

申子書由二篇變成六篇，是劉向所校定的中秘書已大有所增益了。漢書藝文志依據劉歆的七略也著錄申子六篇，列入法家類。梁阮孝緒七錄又說申子有三卷，（見史記正義）隋唐經籍志注也說；「梁有三卷，亡，」是梁時又將申子六篇分爲三卷了。但到隋時曾散失一次。舊唐書經籍志與新唐書藝文志法家類又均著錄申子三卷。宋史、通志和通考對於申子均無著錄，可見自宋以後，便再佚而不可復得了。

清代輯佚工作非常發達，先後有數人輯申子佚文：最先爲嚴可均的輯本，甚簡。其次爲馬國翰的輯本，見玉函山房輯佚書。黃以周以嚴輯「遺漏頗多」，馬輯「又未盡善」（語見儆季雜著申子敍），又行重輯，惜未刊行。近人王潤時補輯羣書治要所錄申子大體篇於馬輯逸文之前，附錄於他所著的商君書斠詮之後。現有申子書僅馬王兩種輯本而已。

（二）申子書的內容考——申子原書雖初著於史記，而實始於戰國。現有申子輯本既不是申子原書，自難完全考見申子原書的眞內容。要考見申子原書的眞內容，除依據輯本外，尙須參考以下各書：

荀子解蔽篇

呂氏春秋任數篇

韓非子定法、難三、外儲說等篇

史記老莊申韓列傳

劉向校定的六篇，只有大體篇篇目與內容略存於羣書治要，三符篇目存於淮南子泰族訓，君臣篇篇目存於七略別錄佚文，其餘三篇連篇目亦不可考。

馬氏輯本共二十四節，除錄於韓非子、呂氏春秋的七節外，其餘多錄自意林和唐宋類書。大概不見於韓非子和呂氏春秋兩書中的，都是劉向校本的逸文。這些逸文，因劉向校本比原書增多，也不能全認爲是申子所作的。但就大體篇一加考證，便可推知了。

大體篇的主旨在君無爲而臣有爲，似與申子的思想相合。然文中既兩次提到烏獲，又兩次提到孟賁，便露出後人假託的痕跡來。考申不害卒於民國紀元前二二四八年，而烏獲、孟賁俱爲秦武王時力士。秦武王以民國紀元前二二二一年卽位，二二一八年卒。烏、孟以力士成名，在申子之後近三十年，申子如何能舉其名以入文呢？由此可證大體篇決非申子所作。至其他佚文除錄自呂氏春秋和韓非子的比較可信外，其餘只可認爲是後人發揮申子思想的作品，不能斷說出於申子之手。

四　愼子書考

（一）愼子書的歷史考——愼子書最先著錄於史書的，是司馬遷的史記。該書卷七十四孟荀列傳上說：

『自騶衍與齊之稷下先生，如淳于髡、愼到、環淵、接子、田駢、騶奭之徒，各著書言治亂之事，以干世主。』

『愼到、趙人，田駢接子齊人，環淵，楚人，皆學黃老道德之術，因發明序其指意，故愼到著十二論。……』

由上兩段記載看來，可知司馬遷時所有的愼子書，只是十二論，大約是十二篇論文，篇名已不可考，而其內容的主旨，不外是「發明黃老道德之術」，以「言治亂之事」。依此，只能看出愼到是個道家，還不能十分斷定他是個法家。

到劉向七略中所校定的愼子，由十二論增至四十二篇，並明列於法家類。七略原文雖已佚，然班固的漢書藝文志是依據七略編定的。在該志法家書中。有下列一條：

『慎子四十二篇。（原注名到，先申韓，申韓稱之。）』

劉向校定的愼子書，比司馬遷所見的，多出三十篇。這因爲漢時徵求遺書多次，凡後人附益於愼子，或託名於愼到的著作，未盡量删去，致較十二論加了兩倍以上。所增的三十篇，大約多屬發揮法家思想的，故劉向和班固都將愼子編入法家書中。至班固在愼子下的注說：愼到「先申韓，申韓稱之」，則有一點錯誤。因爲愼到的時代，只先於韓非，不先於申不害。韓曾稱愼，申無從稱愼也。

史記敍述愼到的思想屬道家，而七略和漢書編次愼到的著作，又屬法家，這是一個大差異。不過這個大差異，起於愼到思想的本身。原來愼到的整個思想，有屬於道家的，也有屬於法家的，而他的法家思想，又是依據道家思想發揮的。因此有人說他是由道家到法家的一個過渡人物。漢代的司馬遷和劉向對愼到思想的看法，固如此不同，即先秦的各家對愼到的思想，也早有不同的看法。道家的莊子天下篇所討論的愼到，是一個「塊不失道」的愼到，純乎道家了。法家的韓非子難勢篇和雜家的呂氏春秋愼勢篇，所討論的愼到，是一個尙勢的愼到，純乎法家了。儒家的荀子，非十二子、天論和解蔽三篇中所討論的愼到，一面是「有見於先，無見於後」的道家，又一面是「蔽於法而不知賢」的法家。由以上種種評論看來，愼到實兼有道家和法家的思想，在先秦已如此。而其著作，在先秦時或者就是後來所謂「十二論」。由「十二論」擴編爲「四十二篇」，這是愼子書在漢代的一個大變化。經此大變化，便不能說愼子書全是愼到所作的了。

劉向所定四十二篇的愼子書，到晉代有兩人作注：一是滕輔撰的愼子注十卷，見吳士鑑補晉書經籍志法家類；二是劉黃老撰的愼子注，卷亡，見秦榮光補晉藝文志法家類。由此可知愼子書到晉代有了注本，並且將四十二篇改爲十卷了。此後隋書經籍志，舊唐書經籍志，新唐書藝文志法家類都載明愼子十卷。馬總意林又說愼子有十二卷。自漢到唐，四十二篇的愼子書雖曾經晉滕輔作注分卷，尙是完書。不過經過後來五代的混亂，到宋時便大有殘佚。宋崇文總目雖說愼子有三十七篇，但鄭樵通志藝文略又說：

『愼子，漢志四十二篇，隋唐分爲十卷，今亡九卷，三十七篇』。

因總目與通志所說篇數相差甚遠，故周中孚鄭堂讀書記疑總目所說三十七篇，當有脫字。宋王應麟漢書藝文志考證說：

『漢志四十二篇，今三十七篇亡，惟有威德、因循、民雜、德立、君人五篇，滕輔注。』

同時宋代著錄家如周氏涉筆，陳振孫直齋書錄題解，和黃震黃氏日鈔也都說只餘五篇。宋史藝文志則說愼子只一卷。元馬端臨文獻通考所說與宋史同。明宋濂諸子辨和焦竑國史經籍志都說愼子只有一卷五篇。現有明子彙本愼子卽爲一卷五篇，可以作證。不過潛菴子又將馬總意林所錄十二條，以不見於五篇中，附載於篇末，這可算是一種輯佚的工作。（參閱愼子三種子彙本愼子跋）

清紀昀四庫全書總目提要將愼子列入子部雜家類，而不在法家類，這是編類上的一個大改變。該書說：

『愼子一卷，……書錄題解則稱麻沙刻本凡五篇，已非全書。此本雖亦分五篇，而文多刪削，又非陳振孫之所見。蓋明人捃拾殘剩，重為編次。』

這是說四庫本是經明人重編的。清人就明本加以校輯的，有嚴可均的四錄堂本。他說：

『余所見明刻本亦皆五篇，今從羣書治要寫出七篇，有注，即滕輔注。其多出之篇，曰知忠，曰君臣。其威德篇多出二百五十三字。雖亦節本，視陳振孫所見本為勝。』（見鐵橋漫稿）

錢熙祚也有校本，即守山閣本，現印入慎子三種中。他的慎子跋說：

『通志藝文略，「慎子舊有十卷四十二篇，今亡九卷三十七篇」，是宋本已與今同。羣書治要有慎子七篇，今所存五篇俱在，用以相校，知今本又經後人刪節，非其原書。今以治要為主，更據唐宋類書所引，隨文補正。其無篇名者，別附於後。雖不能復還舊觀，而古人所引，搜羅略備矣。舊本後有逸文，不知何人所輯？內有數條云出文獻通考，今檢之不可得。且鄭漁仲所見已止五篇，安得通考中尚有逸文？尋其文句，蓋雜取鬻子、墨子、韓非子、戰國策諸書，以流傳既久，姑過而存之。』

由上說來，慎子書自漢至清經了四大變：第一是司馬遷所見「十二論」的初本，第二是劉向所定四十二篇的校本，第三是自宋至明五篇的殘本，第四是清代七篇附逸文的校本。現在所能見的只有殘本和校本，而以校本，尤其是守山閣本為較可靠云。此外雖有所謂「鷙人秘笈」的明慎懋賞注刻本，已經近人論定，全為偽作，不能列入慎子書中，留待下節再述。

（二）慎子書的內容考——現有慎子書的版本，大約有三種：一、自宋以來的五篇殘本；二、清人補輯的七篇校本；三、內外二大篇的愼懋賞刻本。茲先考證三種版本的眞僞，再行分析比較近眞的版本之內容。愼懋賞刻本原刻於明萬曆年間，現翻印的有兩種本子：一是中國學會影印的愼懋賞注愼子內外篇，列入愼子三種合帙，與原刻本全同。此本篇次爲愼懋賞序，王錫爵序，愼懋賞愼子傳，愼子考，愼子評語，愼子內篇三十六事，外篇五十三事，內外篇直音、傳、補、湯聘尹後序與注。又一是四部叢刊影印繆荃孫藕香簃藏寫本，無前本的序、傳、考、評語、直音、傳、補和注，但附有繆荃孫補的逸文和孫毓修的校文及跋。這兩種版本雖將眞的逸文多半搜羅在內，然夾雜不少確非愼子的著作，眞僞混淆，不可爲據，所以梁啓超在古書眞僞及其年代上斷定「顯係愼懋賞僞造，爲同姓人張目。」接着羅根澤作愼懋賞本愼子辨僞（載古史辨第四册）一文，詳細考證此本：（一）來歷不明，（二）與愼子思想矛盾，（三）鈔襲他書，（四）據意林及他書所載愼子逸文而略有附益，（五）與古本不合，（六）混愼子爲禽滑釐，（七）有孟軻字，（八）尙有逸文等證，斷定「其非愼子之眞，而爲懋賞之僞，毫無疑義。」羅根澤又作愼懋賞愼子傳疏證（見同前），考定「與內外篇相依爲命的「愼子傳，全非事實。」經梁、羅前後考證愼懋賞本愼子確爲僞書，已成定讞，不待重考了。

五篇殘本的愼子書是否爲僞書，約有兩種說法：一說是僞書，淸人姚際恆與近人黃雲眉主之。姚際恆說：

『愼子稱趙人愼到撰；漢志法家有愼子四十二篇，唐志十卷，崇文總目三十七篇，今止五篇，其僞可知。』（見古今僞書考）

以「今止五篇」，卽斷定爲僞書，論證未免過於薄弱。四十二篇只剩五篇，可說是殘本，不能卽斷爲僞書。黃雲眉說：

『莊子天下篇謂「愼到棄知去己，而緣不得已」云云，求之今書愼子，似無些微影響。天下篇雖後人所作，若得見今書，不當復有此語。荀子非十二子篇則謂愼子尙法矣，然細玩今書亦與荀子所評不相應。雖曰刑名之學原於道德，愼到之棄知去己，未嘗不可以「無知之法治，代有知之人治」爲解，然使愼到之書果如今書所言，則愼到乃一普通之法治家，彼豪傑何以笑其「非生人之行，而至死人之理」乎？吾意今書文字明白，不類先秦殘籍，當由後人抄撮諸書法家語而成。周氏涉筆曰：「五篇雖簡約，而明白純正，統本貫末。」果如所言，其書誠僞託矣。夫四十二篇而僅存五篇，又安能統本貫末？五篇而能統本貫末，則其餘三十七篇不皆贅耶？』（見古今僞書考補證）

原來愼到有道家的思想，又有法家的思想。天下篇係道家所作，專取愼到的道家思想而發明之，五篇殘本雖與天下篇似無些微影響，然不能卽斷定四十二篇的原書，絕無與天下篇相合的。卽就現存五篇而論，也不少以道家的意味，說明法家的主張之處，如「以無知之法治，代有知之人治」，卽其一端。荀子書中評愼子的話，雖不盡與今書相應，或卽由其書殘之故。若以韓非子和呂氏春秋中所論的愼子與今書對照，又多相應之處，可知殘本不能卽斷爲僞書。殘本「又多刪削」，（見四庫全書提要雜家類愼子條）自然比較明白，也不能卽斷爲不類先秦殘籍。

又一說非僞書，歷來主者甚多。顧實說：

『愼子非僞書……雖有殘闕，而所說尙明白純正，統本貫末。大略本道而附於情，立法而責於上，非盡屬刑名家言也。』（見顧實重考古今僞書考）

前節考證五篇殘本是自宋傳下來，又經明人删削的。而殘本的篇目與文句多與羣書治要相同。現在五篇殘本經嚴可均錢熙祚等輯補，已包含於七篇校本之中。七篇校本均取自羣書治要。治要編纂於唐代，當時四十二篇的原書尙無缺佚，故可斷定五篇本和七篇校本都是四十二篇原書的一部分節本。四十二篇既較「十二論」增多了，不盡出於愼到之手，則節本亦未全是愼到的話。不過節本或傳之於宋，或取之於唐，唐又取之於漢，也不能斷說絕無愼到的著作在內。若就節本的內容來說，縱有他人的話雜入，也可看出愼到思想的一部分，不能全認爲僞書。要求愼到的全部思想，除根據七篇校本的愼子書外，（中華書局四部備要翻印守山閣本）自須參考先秦諸子涉論到愼到的書籍如莊子，荀子，韓非子，呂氏春秋了。

七篇校本的篇目爲威德、因循、民雜、知忠、德立、君人、君臣，較五篇殘本除增知忠君人兩篇外，尙有所校補。現將內容略爲分析如下：

一、威德篇——本篇宜分爲四段：第一段自「天有明」至「聖人無事矣」，言聖人以有德而無事，近道家說。第二段自「毛嬙」至「其得助博也」，韓非子難勢篇所引愼到語與此略同，言尙勢，爲法家說，乃愼到的一種重要思想。第三段爲自「古者工不兼事」至「非立官以爲長也」，言政府的目的，將國與君劃分為二，確有精意。但又說「慕賢智」，與法家思想衝突，似不能認為愼到的話。第四段自「法雖不善」至「下無羨財」，言任法以立公棄私，實法家語。本書既為節本，則本篇四段也可分別去看。除第三段外，均可認作愼到的著作。若以三段有疑問，即認全篇都偽，則愼到的主要法家思想，便只可求之韓非子與呂氏春秋了。

二、因循篇——本篇主旨在因人情之自為而用之，為一種道家的人性論與治術論。

三、民雜篇——本篇主旨在「臣事事而君無事」，為一種應用道家無為說於君道的治術論。

四、知忠篇——本篇主旨在自「亂世之中」至「則至治已」一段，為君使臣忠不過職；自「亡國之君」至「非一人之力也」一段，則為治亂存於「得人與失人」。前段近法家說，後段近儒家說，故不能統稱為愼到語。

五、德立篇——本篇主旨在「立天子不使諸侯疑」，近法家說。

六、君人篇——本篇主旨在賞罰任法，不以心裁輕重，以去私塞怨，為純法家說。

七、君臣篇——本篇主旨在「據法倚數以觀得失」，為純法家說。

以上七篇，除第一篇第三段與第四篇第二段外，均可認為愼到的思想之一部分。至於逸文，據守山閣本所載共有五十八條，此五十八條出自唐代以前書籍，而非抄襲他書者，多可視為愼子思想的一鱗一爪；出自唐以後，或出處不明者，多不可信為愼子的原文。如若引用，則須加以選擇云。

五　尹文子書考

（一）尹文子書的歷史考——尹文子書最先著錄於七略與漢書藝文志名家類，如下：

『尹文子一篇（原注：說齊宣王，先公孫龍。）』

由此可知尹文子原本，只有一篇；而其內容，究竟如何，今已無從考定。但既列入名家，其中當有談論名理的話。漢後，一篇的尹文子，經山陽仲長氏撰定，又變成上下二篇的尹文子，這是尹文子書一個重要變化。仲長氏尹文子序說：

『尹文子者，蓋出於周之尹氏。齊宣王時居稷下，與宋鈃、彭蒙、田駢同學於公孫龍，公孫龍稱之。著書一篇，多所彌綸。莊子曰：「不累於物，不苟於人，不忮於衆，願天下之安寧，以活於民命，人我之養，畢足而止，以此白心。」見侮不辱，此其道也。而劉向亦以「其學本於黃老，大較刑名家也，」近爲誣矣。余黃初末，始到京師，繆熙伯以此書見示，意甚玩之，而多脫誤，聊試條次，撰定爲上下篇，亦未能究其詳也。』

所謂「仲長氏」，究爲何人？馬總意林及李淑邯鄲書目以爲卽漢仲長統，然因此後世遂懷疑序文係出於僞託，並且懷疑今本尹文子也係出於僞託。僞託的時代，或說在魏晉，如羅根澤；或說在陳隋，如唐鉞（俱詳下節）。要之，漢後隋前，已經有人將「多脫誤」的一篇尹文子殘本，條次撰定爲上下篇，次序旣大有改變，文字也大有補充了。此所謂仲長氏撰定的尹文子中，何段爲尹文子原文？

何段爲仲長氏所撰？今已無從分別。但就今本尹文子考察，與其說是出於先秦的尹文，無寧說是出於漢後的所謂仲長氏，較爲妥貼。

因仲長氏撰定的尹文子既分上下二篇，於是隋書經籍志遂著錄尹文子二卷，但唐書又只錄一卷，當係合上下二篇而云。同時馬總意林又說「尹文子二卷，劉歆註。」紀昀說：「案歆奏七略，不聞注尹文子，疑有訛。」我想注字或係校字之誤。隋唐時所謂二卷，就是二篇。二篇篇名，據羣書治要所載爲「大道」與「聖人」。尹文子原本既只一篇，當無篇名。此二篇名，嚴可均以爲是仲長氏所題。唐以後不知又經何人改題爲大道上和大道下。宋晁公武郡齋讀書志、元馬端臨通考、與明宋濂諸子辨俱稱二卷如故。明萬曆間子彙本又只分篇，不稱卷數，似已合爲一卷了。至淸四庫提要，由名家改隸雜家，且只著錄一卷，這是尹文子書在編類上的一個大改變。提要說：

『前有魏黃初末，山陽仲長氏序，稱條次撰定爲上下篇。文獻通考作二卷。此本（按指四庫本）亦題大道上篇、大道下篇，與序相符，而通爲一卷，蓋後人所合併也。……序中所稱熙伯，蓋繆襲之字。其山陽仲長氏，不知爲誰？』

其後嚴可均據道藏本錄出尹文子，並據意林及羣書治要校補若干條，而成嚴校本。現中國書店已經重印。此外汪繼培、錢熙祚也均有校本。

（二）尹文子書的內容考——今本尹文子書雖經各家校補，但大體與羣書治要所載相同。由此可知今本就是仲長氏的撰定本。仲長氏撰定本，在明時已有人懷疑，宋濂說：

『仲長統序稱其出於周尹氏，齊宣王時居稷下，與宋鈃、彭蒙、田駢同學於公孫龍。按龍客於平原君，君相趙惠文王；宣王死，下距惠文王之立已四十餘歲，是非學於龍者也。統卒於獻帝讓位之年，而序稱黃初末到京師，亦與史不合。……予因知統之序，蓋後人依託者也。嗚呼，豈獨序哉！』（諸子辨）

清姚際恆古今僞書考遂引用宋濂說而定爲僞書。近入顧實，唐鉞，羅根澤，更先後詳細考證今本尹文子是一種僞書，便成了鐵案。顧實說：

『莊子曰：「宋鈃尹文作爲華山之冠以自表，接萬物以別宥爲始，語心之容，命之曰心之行。以聏合驩，以調海內。見侮不辱，救民之鬬；禁攻寢兵，救世之戰。」宥囿古字通，別有者，辨去囿隔也。尹文接萬物，首先辨去囿隔。今書乃曰「接萬物使分，別海內使不雜。」不合者一。聏𥇡古字通。尹文以驩顏寢兵，和調天下。今書乃曰「以名法治國，萬物所不能亂；以權術用兵，萬物所不能敵。」不合者二。且稱引老子三條，說多鄙倍。說苑述尹文語，文絕不類。徼訓徼終，先秦未有。王弼老子注云：「徼歸終也」。於是列子曰：「死也者，德之徼也。」尹文子曰：「窮則徼終，徼終則反始。」二書之出同時，而義亦相照，其爲魏晉人所依託，無疑。』（漢書藝文志講疏）

唐鉞作尹文和尹文子一文，列舉尹文子可疑之點：（一）此書來歷不明，（二）引古書而掩晦來源，（三）用秦以後之辭，（四）文體不類先秦，（五）剿襲他書大段文字，（六）襲用古書而疏謬，（七）一篇之中自相矛盾，（八）書中無尹文子之主張，（九）書中有與尹文子主張相反者，（十）書中之錯誤與序中之錯誤同。並說：

『或者云：「說苑述尹文子語，有近於道家無爲之主張，而周氏涉筆引劉向，容齋續筆引劉歆之語，皆云尹文子意本老子，則與今本尹文子內容似相合。」然上述諸書所引，本不可靠；即可靠，亦僅能謂爲僞撰尹文子者，受劉氏父子之暗示而已。或者又云：「今本尹文子中亦有精采語，如馬總意林，陳澧東塾讀書記，胡適中國哲學史大綱所引皆是。」不知特僞撰者撏撦古書中名家法家之思想，夾入文中，以堅讀者之信心耳。……又有疑今本尹文子爲後人補輯者，此亦非是。若係補輯，何以不將呂氏春秋說苑所引收入？又何誤會莊子天下篇如是？又不應於兩篇之中，含如許時代錯誤及其他破綻。可見是書是僞撰，不是補輯。按魏徵羣書治要所錄，及意林，楊倞荀子正論篇注，容齋續筆所引，皆與今本大同小異。黃震黃氏日抄讀尹文子造好牛好馬之說，復綴拾名實相亂之事以證之，亦與今本上篇之文相合。可見唐宋人所見，即爲今本。惟文心雕龍諸子篇稱「辭約而精，尹文得其要，」今文恐不能當此褒羨。大抵劉勰所見非今本，今本或爲陳隋間人所僞託。』（詳見黃雲眉古今僞書考補證）

羅根澤又詳考尹文子所論及的學術多在尹文後，斷爲僞書。並說序文的用詞如彌綸；時代錯誤，如尹文學於公孫龍，與正文同，斷爲序文與本書同出一人。又採顧實「魏晉人依託」的說法舉證如下：

『自漢武罷黜百家，獨崇詩書六藝，墨道名法，習者漸鮮，在中國學術史上，可稱之爲「經學時代」。至魏晉，社會變，而學風亦隨之變，由是由經學之反動，而道德名法之學應運而生。近於道家者，則有王弼，何晏，葛洪，而僞列子，僞關尹子，亦作於是時。近於名法者，則有阮武、劉邵。魯勝之墨辯注，亦皈依墨家而近於形名。此舉其彰彰較著者。此實此時代之學風，皆趨向此途。……故在學術史上，可稱之爲「諸子復活時代」。至宋齊以降，則佛學盛興，在學術史上，可稱之謂「佛學時代」。此書兼儒墨，合名法道德，上與兩漢時代不合，下與宋齊以降不合，而惟與魏晉時代相合。……魏晉羣學蔚起，需書孔亟，投機之士，應時僞書，此魏晉所以僞書叢出，而尹文子亦應運而生矣。然序既言繆熙伯以此書見示，則似在繆卒後，故以在晉代之成分爲多也。』

『馬總意林卷二著尹文子二卷，其所採錄卽據今本。柳伯孝序謂「……梁朝庚仲容抄成三帙，馬總又因庚仲容之抄，略存爲六卷，題曰意林，」則庚仲容所見，已爲今本，其著作年代當在梁朝以前。』（詳見尹文子探源）

綜合顧、羅兩氏的考證，尹文子僞託於魏晉時的說法，自較僞託於陳隋時的說法近眞。謹愼點說，僞託於漢後隋前，或不會再有反證了。

由上說來，今本尹文子既是出於僞託，自不能代表先秦尹文的思想。我們要求尹文的思想，以尹文子原本已變，只能求之於莊子、呂氏春秋和說苑等論及尹文的古書了。但今本尹文子雖出於僞託，仍可認爲魏晉六朝時代近於名法的一種作品。高似孫說：

『尹文子，其書言大道，又言名分，又言仁義禮樂，又言法術權勢；大略則學老氏而雜申韓也。其曰：「民不畏死，由過於刑罰者也。刑罰中，則民畏死；畏死，則知生之可樂，知生之可樂，故可以死懼之。此有異於老氏者也。又有不變之法，齊等之法，理衆之法，平準之法，此有合於申韓。然則其學雜矣，其識淆矣，非純乎道者也。』（子略）

全書主旨，似重在道，如說：

『大道治者，則名法儒墨自廢；以名法儒墨治者，則不得離道。』

但文中所論及的事理，以名法爲最多，道次之，儒墨又次之。上篇大道主旨，在「以名稽虛實，以法定治亂。」下篇聖人主旨，在「以名法治國，以權術用兵。」至書中剿襲前人，或誤解古書之處，已經唐羅兩氏指出，不再贅。不過其中近於法家的說法，仍可引證爲法家理論的討論，因爲雖不出於尹文，而仍不失爲一種法家的說法也。

六　韓非子書考

（一）韓非子書的歷史考——韓非子的著作，在韓非生前業已流行。這可以史記所載爲證如下：

『人或傳其書至秦，秦王見孤憤、五蠹之書，曰：「嗟乎！寡人得見此人，與之游，死不恨矣。」李斯曰：「此韓非之所著書也」。』（見老莊申韓列傳）

孤憤與五蠹是韓非子的著作兩篇，秦始皇十四年以前，已由韓傳到秦，大得始皇的贊賞，可見韓非的思想深合當時的時勢。韓非被殺後，李斯的奏稿也偶引韓非的著作做佐證，可見爲人傳習的一斑。但韓非時究確有若干著作，今已無從考定。

最先著錄韓非子書的是史記。該書說：

『韓安國……嘗受韓子、雜家說於騶田生所。』（韓長孺列傳）

韓非子與雜家說，索隱注明爲二書，而近人或連讀爲一書，似與原意不合。因爲韓非子書中並無許多雜家的學說，卽儲說、說林等也多是借事發揮法家的思想。由此可知韓非子書在漢初已稱爲「韓子」。史記又說：

『韓非……喜刑名法術之學，而其歸本於黃老。……而善著書，……非見韓之削弱，數以書諫韓王，韓王不能用。於是韓非疾治國不務修明其法制，執勢以御其臣下，富國強兵，而以求人任賢，反舉浮淫之蠹而加之於功實之上。以爲儒者用文亂法，而俠者以武犯禁。寬則寵名譽之人，急則用介胄之士。今者所養非所用，所用非所養。悲廉直不容於邪枉之臣，觀往者得失之變，故作孤憤、五蠹、內外儲、說林、說難十餘萬言』。（老莊申韓列傳）

這是詳細著錄韓子的主旨，和他所認爲重要的篇目。至劉向校定韓子五十五篇，列入法家類，漢書藝文志因之，是爲正式著錄之始。但劉向所校定的五十五篇實不免有所攙雜，不能盡認爲出於韓非之手。

晉代有劉昞撰韓子注，見秦榮光補晉書藝文志，是韓子有注之始，惜久已失傳。七錄著錄「韓子二十卷」，（見史記韓非本傳正義引文）是梁時有人將韓子分卷了。自後隋書，新舊唐書，和宋史所著錄，均與七錄同。新唐書藝文志法家類著有「尹知章又注韓子，卷亡，」今已不傳。宋時私家著錄者，或說二十卷，如晁公武郡齋讀書志；或說五十五篇，如王應麟漢書藝文志考證，大概與劉向校本無大出入。但傳到元代，便不免有些散佚錯亂。元順帝至元三年何犿進本，只五十三篇，便是一例。

四庫總目提要說：

『韓子二十卷，……其注不知何人作。考元至元三年何犿本稱：「舊有李瓚注，鄙陋無取，盡爲削去云云」，則注者當爲李瓚。然瓚爲何代人，犿未之言。王應麟玉海已稱韓子注不知誰作，諸書亦別無李瓚注韓子之文，不知犿何所據也。犿本僅五十三篇，其序稱「內佚姦劫一篇，說林下一篇，及內儲下六微內似類以下數章。」』

何犿一面進韓子引起政府注意，一面刪舊注，加新注，由此可知元本的一斑。

韓子書既有散亂，所以到了明代有許多人根據古本，從事校評。最著名的，是趙用賢校本。四庫總目提要說：

『明萬曆十年，趙用賢購得宋槧，與犿本相校，始知舊本六微篇之末，尚有二十八條，不止犿所云數章；說林下篇之首，尚有伯樂教二人相踶馬等十六章。諸本佚脫其文，以說林上篇「田伯鼎好士」章逕接此篇「蟲有蚘」章。和氏篇之末，自「和雖獻璞而未美，未爲王之害也」以下脫三百九十六字。姦刼篇之首，自「我以淸廉事上」以上脫四百六十字。其脫葉適在兩篇之間，故其次篇標題與文俱佚，傳寫者各誤以下篇之半，連於上篇，遂求其下篇而不得，其實未嘗全佚也』。趙用賢用宋本校犿本，補出以上所說各段，並改正文字甚多，是爲趙本。

萬曆六年陳深刋韓子迂評。此本題明門無子評，前列元何犿校，蓋據何本加以評注，略有所改定。門無子據陳深序稱俞姓，吳郡人。所說評語，四庫提要以爲「皆究八股之門徑」，不足觀也。

明代繼趙陳二氏之後校刋韓子的人尙有周孔敎，楊升庵，孫月峯，趙世楷，凌瀛初諸氏。除周孔敎本全同於趙本外，其餘文多斟酌於趙本與何本之間，而評則率意加之而已。

淸四庫本係據周本繕錄，而校以趙本而成，無多考訂。盧文弨依據宋本、道藏本、張鼎文本、凌瀛初本、黃策大字本合校趙本，而成韓非子校正一卷，見羣書拾補中，是爲用漢學方法重新考證韓非子之始。其後王念孫校正韓非子十四條，見讀書雜志餘編上卷。嘉慶中吳鼒重刋宋乾道本，附錄顧千里韓非子識誤三卷，校正明本之處甚多。古本當以此本爲最佳，浙江圖書館所印韓非子卽爲是本云。

顧千里說：

『前人多稱道藏本，其實差有長於趙用賢刻本者耳，固遠不如宋槧也。宋槧首題「乾道改元中元日黃三八郞印」，亦頗有誤。通而論之，宋槧之誤，由乎未嘗校改，故誤之迹往往可尋也。而趙刻之誤，則由乎凡遇其不解者，必校改之。於是而幷宋槧之所不誤者，方且因此以至於誤；其宋槧之所誤，又僅苟且遷就，仍歸於誤，而徒使可尋之跡泯焉，豈不惜哉！予讎勘數過，推求彌年，既窺得失，乃條列而識之，不可解者，未敢妄說。……庶後有能讀此書者，將尋其跡，輒以不敏爲之先導也。』（見韓非子識誤序）

接着俞樾依據各書校正百餘條，成韓非子平議一卷，見諸子平議中。孫詒讓又依據各書校正韓非子三十一條，見札迻中。

清季王先慎以他本校正宋乾道本的譌脫，並搜輯佚文百餘條，補注本文之下，其不能補注的，尚有二十八條，則彙列於卷首。又就諸家注釋加以考訂，而成韓非子集解一書，計二十卷，五十五篇，恰合於漢志。自此書出後，韓非子乃較爲完整，而便於閱讀了。

近人校注的，有唐敬杲選注韓非子。（商務印書館學生國學叢書）此書雖只選了十九篇，多屬重要的，並依據各家，扼要校釋，分段標點，兼註音讀，最便於初學。此外尚有人加以零星的校釋，例如：

陳柱：讀韓非子札記——此書目僅見於其所著國學概論，尚未出版。

孫人和：韓非子舉正——北平圖書館月刊五卷一號。

高亨：韓非子補箋——武漢大學文哲季刊二卷三、四期。

孫楷第：讀韓非子札記——北平圖書館月刊三卷六號。

日本的漢學者先後校釋韓非子的也不少，試列舉重要書目如下，以備專攻者的參考：

蒲阪圓：增讀韓非子，

加賀津田：韓非子解詁，
蒲阪圓：韓非子纂聞，
太田方：韓非子翼毳，
岡本保孝：韓非子疏證，
依田利用：韓非子校注，
松平康國：韓非子國字解（漢籍國字解全書）
與文社：韓非子講義。

（二）韓非子書的內容考——現存韓非子書是否全出韓非之手，在宋時已有人懷疑。王應麟說：

『沙隨程氏曰：「非書有存韓篇」，故李斯言「非終爲韓，不爲秦也。」後人誤以范睢書廁於其書之間，乃有舉韓之論。通鑑謂非欲覆宗國，則非也。』（漢書藝文志考證）

這是懷疑第一篇初見秦不出韓非之手。紀昀說：

『今書冠以初見秦，次以存韓，皆入秦後事。……然傳稱「韓王遣非使秦，秦王悅之，未信用，李斯姚賈害之，下吏治非。李斯使人遺之藥，使自殺。」計其間未必有暇著書。且存韓一篇，終以李斯駁非之議，及斯上韓王書，其事與文皆爲未畢。疑非所著書，本各自爲篇，非歿之後，其徒收拾編次，以成一帙。故在韓在秦之作，均爲收錄，併其私記未完之稿亦收入書中，名爲非撰，實非非所手定也。』（四庫全書總目提要）

這是說韓非子乃由後人收拾編次而成，非韓非所手定，因此便不免有所攙雜。王先謙說：

『主道以下，蓋非平日所爲書；初見秦諸篇，則後來附入者。』（韓非子集解序）

這似乎是疑頭四篇——初見秦，存韓，難言，愛臣非出非手。胡適說：

『漢書藝文志載韓非子五十五篇，今本也有五十五篇，但其中很多不可靠的。如初見秦篇乃是張儀說秦王的話，所以勸秦王攻韓。韓非是韓國的王族，豈有如此不愛國的道理？況且第二篇是存韓，既勸秦王攻韓，又勸他存韓，是決無之事。第六篇有度，說荆齊燕魏四國之亡。韓非死時，六國都不曾亡。齊亡最後，那時韓非已死十二年了。可見韓非子決非原本，其中定多後人加入的東西。依我看來，韓非子十分之中，僅有一二分可靠，其餘都是加入的。那可靠的諸篇如下：

顯學、五蠹、定法、難勢、詭使、六反、問辯，此外如孤憤、說難、說林、內外儲，雖是司馬遷所擧的篇名，但是司馬遷的話是不很靠得住的。我們所定這幾篇，大都以學說內容爲根據。大概解老，喩老諸篇，另是一人所作。主道、揚搉諸篇，又另是一派「法家」所作。外儲說左上似乎還有一部分可取，其餘的更不可深信了。』（中國古代哲學史）

這可謂大膽的懷疑，將韓非子否認了十之八九，可惜未拿出詳細的證據來。唐敬杲說：

『韓非子舊簡稱「韓子」……其中各篇，頗多可疑之處，恐有後人附益，不盡爲韓非之作。如卷首初見秦、存韓二篇，一則勸秦王攻韓，一則勸秦王存韓，旨趣截然不同，顯非一人之筆。

又如卷末忠孝一篇「恬淡，無用之教也；恍惚，無法之言也。」等詆斥老氏之語，與史公所謂「原於道德之意」不類。人主一篇，顯然爲綴輯他篇語意而成。飭令乃襲取商子之靳令篇，其論旨亦不合於非之所說。諸如此類，其眞爲非之所自著者，全書中恐不及半也。』（唐氏選註韓非子緒言）

唐敬杲選註的韓非子，采錄他所認爲在「立說上比較可信者」十九篇，即主道，有度，揚搉，孤憤，說難，和氏，姦劫弑臣，亡徵，守道，大體，難勢，問辯，定法，詭使，六反，八說，五蠹，顯學，心度等。又他以爲說林，內外儲說，解老，喻老等十篇「雖或比較可信，而其內容非關宏旨，亦概屛而不錄。」此外他所未錄和未舉的二十六篇，自然都在他懷疑之列。

梁啓超說：

『學者率以爲今本卽漢隋兩志原本，且謂全書皆韓非手撰；然隋唐間類書所引韓子佚文不下百餘條，則今本之非其舊可知。諸篇中亦有可確證或推定其非出非手著者，如初見秦，存韓，有度。既有三篇不可信，則餘篇亦豈遽能盡信？……

『太史公述韓非書，標舉孤憤，五蠹，內外儲，說林，說難爲代表，則此諸篇當爲最可信之作品。吾儕試以此諸篇爲基礎，從文體上及根本思想上研究，以衡量餘篇，則其孰爲近眞，孰爲疑僞，亦有可言者。以文體論：孤憤五蠹之文，省緊峭深刻廉勁而銳達，無一枝辭。反之若主道，有度，二柄，揚搉，八姦，十過等篇，頗有膚廓語。主道揚搉多用韻，文體酷肖淮南子；二柄八姦十過篇，頗類管子中之一部分；忠孝，人主，飭令，心度，制分亦然。以根本思想論：太史公謂『韓子引繩墨，切事情，明是非。』蓋韓非為最嚴正的法治主義者，為最綜覈的名學家，與當時似是而非的法家言，皆有別。書中餘篇或多摭拾法家常談，而本意與孤憤、五蠹等篇不無相戾。此是否出一人手，不能無疑。』（要籍解題及其讀法）

梁氏所認為「韓非子中最重要之諸篇」，是五蠹，顯學，定法，難勢，問辯，孤憤，說難等七篇；「次要諸篇」，是六反，八說，八經，內外儲說，說林，難一，難二，難三，難四，解老，喻老，難言，愛臣，飾邪等二十篇。（說見前書）

容肇祖說：

『史記老莊申韓列傳說非『歸於黃老』，疑當日韓非子一書，已混雜有解老喻老二篇。又韓非『作孤憤，五蠹，內外儲，說林，說難十餘萬言，』『秦王見孤憤五蠹之書，』並錄說難全文。則韓非子之混亂，當遠在司馬遷之前。今韓非子一書，首篇為初見秦，次篇為存韓，已自相矛盾。證以他書，初見秦一篇，見於國策，為張儀所說。存韓篇，記李斯的策劃行事，又不像韓非所作。解老，喻老，文體殊異，恐韓非子一書經後人混亂，攙入正多。』（古史辨第四冊韓非的著作考）

容氏將全書細為考定如下：

一、「確為韓非所作者：」五蠹，顯學二篇；

二、「從學說上推證爲韓非所作者：」難勢，問辯，詭使，六反，心度，難一六篇；
三、「黃老或道家言混入於韓非子書中者：」解老，喩老，主道，揚搉四篇；
四、「縱橫或游說家言混入於韓非子書中者：」初見秦，說難，內儲說上下，外儲說左右上下八篇；
五、「他家言法，可確定爲不是韓非所作者：」有度一篇；
六、「與韓非有關係的記載，因而混入韓非子書中者：」存韓，問田二篇；
七、「司馬遷指爲韓非所作，而未可遽信者：」弧憤，說林上下三篇；
八、「文著非名，似尙有可疑者：」難言一篇；
九、「似是韓非所作，而後段攙雜他人之文者：」姦刼弑臣一篇；
十、「是否韓非之文，疑未能定，而又無充分證據者：」愛臣，二柄，八姦，十過，和氏，亡徵，三守，備內，南面，飭邪，觀行，安危，守道，用人，功名，大體，定法，說疑，八說，八經，忠孝，人主，飭令，制分二十四篇。

以上共五十二篇，此外尙有難二，難三，難四等篇，容氏未加考證。

自胡適「寧可疑而過」，將韓非子書打了一個大折扣之後，各家考證韓非子各篇來源的，說法多端，結論不一，看了以上所引各篇，便可明瞭一個大概。現在試行綜合各家說法，重加考訂如下：

初見秦、存韓二篇主旨在勸秦王破從伐趙，以爲韓緩兵。韓恐秦急攻，遣非使秦。初見秦，即非首次上秦王書。秦策以此書出於張儀，而吳師道補注戰國策論定「所說皆儀死後事」，已經近人詳細證實。沙隨程氏以此書出於范睢，無據。胡適以「第一篇勸秦攻韓，第二篇勸秦存韓，這是絕對不能相容的。」細查第一篇並無「勸秦攻韓」的字樣，只是重在勸秦先破從舉趙，以爲韓緩兵之地。當非使秦時，韓已入生死關頭，只宜迎合秦王心理，勸其舉趙，趙舉則韓亡，即是勸秦不必急攻韓，與存韓主旨正同，並非「絕對不能相容。」書中說秦與六國的不同，在賞罰信與不信，與韓非的根本思想極合，對於秦破趙、魏、楚等國事多列舉，而於韓爲秦所破的國恥，則未提及，似乎是爲祖國諱，也可爲此書爲韓非所作的佐證，詳考見高亨韓非子初見秦篇作於韓非考（見古史辨第五冊）及陳祖釐韓非別傳（光華大學半月刊第二卷第四期）。存韓篇自「韓事秦三十餘年」至「不可悔也」，爲韓非末次上秦王書，才明白說出他的正意。其後兩段，一爲李斯駁議非書，一爲李斯使韓上韓王書，因秦官或李斯的徒黨一併記錄，合成一篇，不能說此篇全是韓非作的，也不能說此篇全不是韓非作的。

難言是非上秦王書，主旨與說難相近，力勸秦王熟察。容肇祖以首句「臣非、非難言也」，解爲「難言」，先秦文字尙無此句法。又解「此臣非之」的非字爲動字，與下句分讀，也於文法不順。

愛臣是非上韓王書，主旨在「明君蓄臣以法。」

主道、揚搉二篇主旨在虛靜無事以自守，形名參同以御臣，乃應用道家名家的理論發揮法家的主張，很與申子思想相近，而文中間用韻語，又與韓非他文不類，或非出非手。但太史公說「非喜刑名法術之學，而其歸本於黃老」，韓非子書中又只此二篇最足以當之，或係非早年之作，也未可知。

有度主旨在『以法治國』。文中稱臣，似爲上韓王書。胡適以其言及荆齊燕魏四國之亡，疑韓非作。其實此文所謂亡國只是失勢的意思，並非指國家的滅亡，詳劉汝霖周秦諸子考。但劉汝霖又以文中五次稱「先王」，斷與韓非的思想，根本不同。其實此篇除用先王字樣外，根本思想全與五蠹、顯學同。

二柄主旨：首段說刑德須操於人主，次段說審合形名以禁姦，末段說人主須去好去惡，以免以情借臣之患。首段以慶賞爲德，與刑對舉，似與韓非通常用詞不合。然次段又易以賞罰。本篇或係三篇合成，根本思想與非同，宜仍視爲非作。

八姦主旨在勸人主明察人臣所以成姦的八術——同牀，在旁，父兄，養殃，民萌，流行，威強，四方，以進賢材，勸有功。勸有功是法家的思想，進賢材又似儒家的思想，或係非早年之作。

十過主旨在列舉事例，證明小忠，小利，行僻，好音，貪愎，耽於女樂，離內遠遊，過而不聽於忠臣，內不量力，國小無禮的十過。或以文中所引管仲故事與難一篇所引不同，疑不出於非。

孤憤主旨在說明「法術之士」與「當塗之人」「勢不兩存」，以自寫其久不見用於韓王的憂憤。此篇情意與韓非處境正同，不得以史記有「韓非囚秦，說難孤憤」的話，與本傳偶有駁文疑之。

說難主旨在「凡說之難，在知所說之心，可以吾說當之。」此種進言方法，戰國法家多事講求，不得以其似爲縱橫家言而攙入者。

和氏主旨在以「和氏之璧」擬「法術之士」，與孤憤相近。

姦刼弒臣主旨在說明商鞅「正明法，陳嚴刑」，爲「至治之法術」，乃代表韓非思想的一篇重要文章。惟末段自「諺曰：厲憐王」以下，又見於國策與韓詩外傳，都作孫子爲書謝春申君，如非韓非所自引，則爲後人所攙入。

亡徵主旨在列舉可亡的徵象四十七種，惟「服術行法」的人主足以兼併之。

三守主旨在說明人主須集權以防左右擅權。

備內主旨在說明人君須防后妃夫人太子利君之死。

南面主旨首段在明法，次段在責實，末段在變古易常，與前兩段不相應，似爲另一篇的殘文而混入者。

飾邪主旨在「明法者強，慢法者弱」，是一篇非上韓王書。

解老、喻老二篇主旨在用事例解釋老子。或以此爲道家的微妙之言，與五蠹篇衝突，疑係漢初道家所附入，非出非手。然其解釋「治大國若烹小鮮」，「魚不可脫於淵」，又有法家的意味。究爲非作與否，兩難確證。

說林上下二篇彙說故事，無關宏旨。

觀行主旨首段在「以道正己」，次段在「因可勢，求易道」，均本黃老以立言。

安危首二段說明安術與危道，其後四段又不大相屬。

守道主旨在立法須「賞足以勸善，威足以勝暴，備足以完法。」

用人主旨在用人「必循天，順人，而明賞罰。」篇中言「至治之國，有賞罰而無喜怒」，近法家。然既言「循天順人」，又言「厲廉恥，招仁義」，近儒家。本篇須分段考察，不宜全視爲非作。

功名主旨在說明勢位的重要，與難勢篇相近。

大體主旨在依道家理論以說明法治及其功效。或以其言「守成理，因自然」，疑非非作。

內儲說上下二篇主旨在用事例以說明人主所用的七術——衆端參觀，必罰明威，信賞盡能，一聽責下，疑詔詭使，挾知而問，倒言反事；與宜察的六微——權借在下，利異外借，託於似類，利害有反，參疑內爭，敵國廢置。文體頗似墨經，結構甚嚴，先立說，後舉例，爲韓非「術論」的重要部分。

外儲說左上下、右上下四篇主旨在列舉事例說明法家所謂「法」、「術」和「勢」等義。文體與內儲說同。應視爲韓非的一部分重要作品。

難一，難二，難三，難四，四篇主旨在用法家的眼光評論許多古事。

難勢主旨在「抱法處勢則治，背法去勢則亂。」

問辯主旨在人主聽言觀行須以功用爲鵠的。

問田主旨在說明韓非不避患禍以主張「立法術，設度數而利民萌。」文中稱「韓子」，當係後人所記。

定法主旨在批評申商「徒術而無法，徒法而無術」，而主張法術「皆帝王之具」，「不可一無。」

說疑主旨在反復舉例以證實人主須明於任臣。

詭使主旨在說明「上之所貴，與其所以爲治，相反。」

六反主旨首段在說明世譽「姦僞無益之民六」，世毀「耕戰有益之民六」，是爲六反，不足以致富強；次段以下反復說明重刑的必要，與五蠹篇相通。

八說主旨：首段在說明人主須不用匹夫所譽的八種人，次段在有術以任人，三段在息文學、塞私便；四段在「通權」「務法」，五段在仁暴俱不可爲治，六段至八段在人主不可假權於寵人與重臣。

八經主旨：（一）因人情以立賞罰；（二）人主不用一人而用一國；（三）人主須明臣主異利；（四）參伍之道；（五）明主務周密；（六）言必有報，說必責用；（七）賞必出乎公利，名必在乎爲上；（八）功名必出於官法。

五蠹主旨在由一種歷史進化論推出一種法治論。「論世之事，因爲之備。世異則事異，事異則備變。」是一種歷史進化論。「以法爲敎，以吏爲師」，以「除五蠹之民」，是一種救世的法家論。

顯學主旨在用法家「務力」和「務法」的主張以批評儒墨。

忠孝主旨在「上法而不上賢。」文中稱臣，似爲一篇上韓王書。

人主主旨在說威勢須操於君，不可使「大臣太貴，左右太威。」

飭令主旨在發揮商鞅的思想。

心度主旨在「治民無常，唯法爲治。」

制分主旨在說明告姦連坐，以去微奸。

總之，韓非子書有的是他的論著，有的是他的上書，有的是後人關於他的記錄。雖經後人編次時不免攙入些他人的作品，但大部仍出於非手。其中與法家思想最有關係的，爲五蠹，顯學，心度，八經，八說，六反，詭使，定法，問辯，難勢，內外儲說，飾邪，姦刼弒臣，有度等十九篇；其次爲守道，問田，難一，難二，難三，難四，說難，孤憤，和氏，亡徵，忠孝，人主，備內等十三篇。主道，揚搉，大體三篇雖是否出於非手，未能斷言，然也是法家者流的重要作品，應在參考之列。

（編者按：拙著「增訂韓非子校釋」對於韓非子各篇的攷證，較本書更爲詳細，讀者宜參閱。民國五十九年二月校畢補記。）

中華社會科學叢書
中國法家概論

作　　者／陳啟天　著
主　　編／劉郁君
美術編輯／鍾　玟

出 版 者／中華書局
發 行 人／張敏君
副總經理／陳又齊
行銷經理／王新君
地　　址／11494 臺北市內湖區舊宗路二段181巷8號5樓
客服專線／02-8797-8396　　傳　　真／02-8797-8909
網　　址／www.chunghwabook.com.tw
匯款帳號／兆豐國際商業銀行　東內湖分行
067-09-036932　中華書局股份有限公司

法律顧問／安侯法律事務所
製版印刷／維中科技有限公司　海瑞印刷品有限公司
出版日期／2017年7月五版
版本備註／據1985年9月四版復刻重製
定　　價／NTD 350

國家圖書館出版品預行編目（CIP）資料

中國法家概論 / 陳啟天著. -- 五版. -- 臺北市
: 中華書局, 2017.07
面 ; 公分. -- (中華社會科學叢書)
ISBN 978-986-94907-5-7(平裝)

1.法家

508　　106008339

NO.F7004
ISBN 978-986-94907-5-7（平裝）

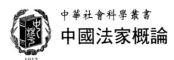